Susanne Elsner, in München als Gymnasiallehrerin für Religion/Latein und als Autorin im theologischen Bereich tätig, und ihr Ehemann **Walter Elsner** sind leidenschaftliche Pilger. Dieses Hobby führte sie schon vor Jahren auf verschiedene Etappen des Franziskusweges in Italien und 2018 auf den Olavsweg in Norwegen. Für ihre Wanderführer, die beim Rother Bergverlag erschienen sind, recherchieren sie voller Begeisterung die historischen Spuren der Pilgerwege. Mit diesem Begleitbuch möchten sie Lust darauf machen, sich vom ganz eigenen Zauber der norwegischen Landschaft spirituell inspirieren zu lassen, da im Gegensatz zu den Pilgerwegen in südlichen Ländern eher wenige Kirchen oder traditionelle Orte zur Besinnung einladen. Auf ihrer Internetadresse www.pilgerimpulse.jimdo.de finden Sie weitere Anregungen zur spirituellen Gestaltung von Pilgerwanderungen.

Susanne und Walter Elsner

Impulse zum Pilgern in Norwegen

Spirituell unterwegs auf dem Olavsweg von Oslo nach Trondheim

Bibliografische Information der Deutschen Nationalbibliothek: Die Deutsche Nationalbibliothek verzeichnet diese Publikation in der Deutschen Nationalbibliografie; detaillierte bibliografische Daten sind im Internet über dnb.dnb.de abrufbar.

© 2019 Susanne und Walter Elsner, München

Herstellung und Verlag:
BoD – Books on Demand, Norderstedt

ISBN: 978-3-7412-5411-6

Liebe PilgerInnen auf dem Olavsweg!

Sie suchen nach einer kleinen geistlichen Begleitung für Ihr Vorhaben, den Olavsweg ganz oder in Teilen zu pilgern?!

Hier sind einige Anregungen. Sie stammen aus Gedanken, die wir selbst beim Pilgern in Norwegen hatten. Natur und Kultur haben uns jeden Tag aufs Neue fasziniert und das Pilgern unter ein je passendes Motto gestellt. Dazu, Pilgertage mit Impulsen zu begleiten, inspirierte uns unsere Freundin Barbara, die ein Teilstück des Franziskusweges mit uns unterwegs war, zu dem ebenfalls als Book on demand ein Buch unter dem Titel „Mit Franziskus unterwegs" erschienen ist.

In Norwegen begleiteten uns unsere beiden Kinder Verena und Bernhard sowie unsere Freunde Laura, Esther und Wolfgang. Gemeinsame Gespräche und erlebte Stimmungen prägten das Pilgern und flossen auch in die Impulse ein. Ihnen allen widmen wir diese Texte und Bilder.

Susanne und Walter Elsner

Inhalt

Einführung ... 8

1 Oslo – Anfang ... 11

2 Benteplassen – Mut ... 15

3 Bønsnes Kirke – Taufe ... 19

4 Steinringe – Geschichte ... 23

13 Sundgarden – Tod ... 27

16 Ringebu Kirke – Kunst ... 31

29 Løkken Verk – Technik ... 35

32 Trondheim – Ziel ... 39

Freier Themen-Pool

   Abstieg ... 43

   Aufstieg ... 47

   Aus-rasten ... 51

   Bedrängnis ... 55

   Brot-zeit ... 59

   Brücke ... 63

   Einsamkeit ... 67

   Fluss ... 71

   Frieden ... 75

   Gipfel ... 79

   Grab ... 83

   Grenze ... 87

   Konzentration ... 91

   Naturschönheit ... 95

Pilgern 99

Unten 103

Veränderung 107

Wasser 111

Wegkreuzung 115

Weitblick 119

Weite 123

Wunder 127

Wurzeln 131

Zeit/losigkeit 135

Einführung

Für das Langstreckenpilgern wie am Olavsweg hat es sich bewährt, einen Tag lang mit einem Motto unterwegs zu sein. In der Früh stellen wir unseren Pilgertag unter einen bestimmten Anfangsimpuls. Diesen oder einen Teil davon kann man dann oft auch gut wie ein Mantra vor sich her sprechen.

Darum ist dieser „Morgenimpuls" immer nur ein (kurzer) Satz mit wenigen Gedankeninspirationen dazu.

Unterwegs halten wir eine Pilgerrast, bei der auch ein längerer passender Impuls dazu kommt. Meist dreht es sich dabei um eine Betrachtung über einen für die Etappe typischen und zu ihr passenden Vorfall oder Gegenstand.

Abends klingt der Pilgertag dann in einer kurzen Meditation aus, die meist viel Raum für eigene Gedanken lässt. Ein kurzes Gebet beschließt den Pilgertag.

Da es auf dem Olavsweg nur wenige Orte gibt, die tatsächlich das Nachdenken über eine Geschichte oder ein Ereignis zu einem guten Tagesimpuls werden lassen, haben wir nur wenige Etappen konkret mit Themen benannt und ihnen auch konkrete Orte zugeordnet. Meist sind wir ja vor allem mit der Natur und ihren Gegebenheiten konfrontiert und können darüber meditieren.
Die meisten Impulse finden Sie daher im 2. Teil, einem „freien Pool", das heißt, Sie können einfach am jeweiligen Pilgertag sehen, was Ihnen jetzt von Ihrer Stimmung und auch der gerade Sie umgebenden Landschaft her am besten zusagt. Empfehlungen, wo bestimmte Impulse am besten passen, finden Sie in der folgenden Tabelle, die sich nach den Etappennummern unseres beim Rother Bergverlag erschienenen Wanderführers richtet; nicht angegeben sind hierbei die Themen, die quasi überall betrachtet werden können.

Damit wollen wir auch der bei einem Wanderführer nicht veränderbaren, aber für uns als Pilger ein wenig problematischen Zielrichtung entgegenwirken, die das Pilgern gelegentlich zu einem Wandern von Hütte zu Hütte macht. Wir verstehen es selber eher so, dass man eben nicht an konkrete Etappen gebunden ist und frei entscheiden kann und sollte, wo man Pause macht und übernachtet.

Vor dem ersten Pilgertag, ob nun daheim vor der Abreise oder am Startpunkt vor der Übernachtung, wollen wir abends mit unserem Pilger-Rhythmus beginnen und ein Gebet sprechen:

Guter Gott, morgen mache ich mich auf einen besonderen Weg. Ich pilgere auf den Spuren des heiligen Olav. Ich bin aufgeregt und gespannt auf das, was auf mich zukommen wird. Ich freue mich auf die Landschaft in Norwegen, auf Kontakte zu Mitpilgern, auf Begegnungen und die Gastfreundschaft der Einheimischen, auf die inneren Gewinne, die ich mir erhoffe! Mach mich empfänglich für die Wunder deiner Schöpfung und lass mich immer darauf vertrauen, dass du bei mir bist! Denn jetzt, am Anfang des Weges, weiß ich nicht, was mich alles erwartet. Werde ich immer den richtigen Weg wählen? Werde ich immer ein gutes Ziel für das Etappenende erreichen? Bekomme ich Wasserblasen oder Mückenstiche? Werde ich immer genügend Wasser finden? Und etwas zu essen? Habe ich alles Wichtige dabei? Werde ich letztlich auch mein erhofftes Ziel erreichen? Guter Gott, du merkst, ich bin unsicher. Sollteich mir zu viel vorgenommen haben? Dies alles beschäftigt mich und ich lege es in Vertrauen auf Dich in Deine Hände, denn Du wirst mich führen. Wache nun über meinen Schlaf, damit ich morgen mit Kraft und Mut erwache und mit dem Pilgerweg beginne! Amen.

Etappen-Nr.	Abstieg	Aufstieg	Bedrängnis	Brücke	Brot	Einsamkeit	Fluss	Frieden	Gipfel	Grab	Grenze	Konzentration	Unten	Wasser	Weitblick	Weite	Wurzeln
05				x	x					x				x			
06		x			x	x			x	x				x	x		
07	x				x	x			x				x	x	x	x	
08				x	x					x				x			
09					x									x			
10					x									x			
11		x			x									x			x
12	x			x	x						x		x	x			
14					x		x				x			x	x		x
15	x			x	x		x						x	x			
17		x			x	x	x							x			x
18	x		x	x	x	x	x				x		x	x			x
19				x		x	x						x	x	x		
20			x			x	x						x	x			x
21		x				x			x						x	x	
22				x		x	x		x	x		x		x	x	x	
23		x				x			x		x	x		x	x	x	
24		x	x			x		x	x			x		x	x	x	
25	x			x	x		x			x			x	x	x	x	
26												x					
27	x			x	x		x							x	x		
28				x	x		x							x			
30				x	x								x	x			x
31	x		x		x		x		x			x	x	x			x

1 Oslo – Anfang

A MORGENIMPULS

Wir beginnen heute in der ehemaligen Hallvardskathedrale am ersten Olavswegstein mit einem langen Weg. Am Meer, auf Meereshöhe. Und dazu in einer Stadt. Sie wird uns fast den ganzen Tag heute umgeben. Wir werden sie durchpilgern. Das ist manchmal laut und mühsam, Ablenkungen und Getriebe um uns herum sollten wir mit Gleichmut begegnen und schon jetzt das Ziel im Fokus haben – welches auch immer jeder für sich für diesen Pilgerweg hat.

Bei den Ruinen der Kathedrale ist der Grundriss sichtbar; so ist dieser Ort nicht nur Vergangenheit, sondern könnte auch Basis für ein neues Bauwerk sein – gleichsam das eigene, das durch die geschichtliche Herkunft zwar grundsätzlich vorgegeben, aber in der Ausführung noch frei ist.

Wir können dabei überlegen: Wie würden meine Fenster aussehen, die Eingänge, ...?

Unser Impuls stammt von Meister Eckhart (1260 - 1327) und könnte unseren Beginn heute kaum treffender beschreiben:

Es ist Zeit, etwas Neues zu beginnen und dem Zauber des Anfangs zu vertrauen.

B UNTERWEGS

Vielleicht hat unser Impuls von Meister Eckhart bereits Assoziationen zu jenem bekannten Gedicht Hermann Hesses geweckt, das mit „Stufen" betitelt ist und sich den Lebensabschnitten widmet. Der Dichter schrieb das Gedicht am 4. Mai

1941 nach langer Krankheit; es trug ursprünglich den Titel „Transzendieren!". Lassen wir das berühmte Zeilenpaar zunächst einfach auf uns wirken:

Und jedem Anfang wohnt ein Zauber inne,
Der uns beschützt und der uns hilft, zu leben.

Hesse beschreibt das Leben als fortwährenden Prozess – wie beim Pilgern. Es geht immer weiter, Tag um Tag.

Auf jeden durchschrittenen Lebensabschnitt folgt ein neuer – wie beim Pilgern. Ein Hügel oder ein Taleinschnitt folgt dem nächsten.

Wir sollen uns also immer tapfer und heiter vom Bisherigen verabschieden und einen Neubeginn wagen – wie beim Pilgern. Auch wenn es noch so schön in der Herberge ist, wir starten jeden Tag aufs Neue.

Wir sollen uns an keiner Lebensstufe festhalten – wie beim Pilgern. Es gibt sicher Lieblingsorte auf dem Olavsweg, Plätze, an denen man über eine Brotzeit hinaus verweilen möchte. Aber es geht weiter.

Und das heimatlose „Immer-Weiter" hebt und weitet uns – wie beim Pilgern. Dass wir in den nächsten Wochen nie „heim" kommen, erscheint zunächst vielleicht als Problem, das aber im Nachhinein unseren Blick für unser Daheim schärft und gleichzeitig weitet.

Solche oder ähnliche Parallelität zwischen Leben und Pilgern kann uns heute und an den nächsten Tagen, in den nächsten Wochen sicher immer wieder ein motivierendes Bild sein. Denn würde man auf einer Stufe Heimat finden, so droht man in eine Erschlaffung und Lähmung zu geraten. Was nicht bedeutet, dass Pausen gut und wichtig sind.

Bei Hermann Hesse geht der Stufenprozess sogar über den Tod hinaus, für uns als Christen ja auch, einstmals. Hier enden die Ähnlichkeiten mit dem Pilgern. Dieses wird in Trondheim aufhören, das Leben geht weiter.

C ABENDIMPULS

Es ist Zeit, etwas Neues zu beginnen und dem Zauber des Anfangs zu vertrauen.

Unser Weg nach Trondheim hat angefangen. Wir sind aufgebrochen, wir haben die Stadt hinter uns gelassen. Vielleicht hat der Lärm der Stadt an den eigenen Wohnort erinnert? Nun ist auch dieses „Heimatgefühl" weg...

Wir haben uns auf etwas Neues eingelassen.

Wir haben unser Pilgern als Bild für unser Leben erkannt und betrachtet. Hier in der Herberge haben wir eine vorübergehende und bereits morgen endende Heimat gefunden. Auch morgen fangen wir wieder neu an.

Legen wir unsere Gedanken in das folgende kurze Gebet:

Guter Gott, ich danke dir für die Erfahrungen des Anfangs! Ich bin aufgebrochen, habe der Bequemlichkeit Adieu gesagt und bin hierher gepilgert. Ich spüre die Mühsal des Aufbruchs wie die jeden Anfangs, aber auch die Schönheit und den Zauber, der darin liegt, immer etwas Neues zu sehen und zu erleben. Halte diesen Mut in mir wach und schütze nun meinen Schlaf, damit ich morgen mit neuer Kraft erwache! Amen.

2 Benteplassen – Mut

A MORGENIMPULS

Unser Motto hat heute ein ganz konkretes Beispiel an Mut zum Anlass, dem wir am Benteplassen begegnen werden.

Da trat eine Frau mutig ihren Feinden entgegen und rettete so viele Menschen und Häuser.

Für uns kann die zurückliegende Nacht auch schon mit Mut besetzt gewesen sein – die ungewohnte Umgebung, speziell, wenn wir vielleicht im Gapahuk übernachtet haben, die uns umgebende Ruhe, die Stimmen des Waldes, vielleicht Tiere, leuchtende Augen in der Nacht, Gerüche, Mücken, Kälte?

Und bestimmt haben uns daheim viele Menschen auch zu unserem Mut beglückwünscht, einen langen Pilgerweg im hohen Norden zu wagen.

Unser Impuls stammt von Johann Wolfgang von Goethe (1749 - 1832) und beschreibt das Wesen von Mut recht treffend:

Es ist nicht genug zu wissen, man muss auch anwenden; es ist nicht genug zu wollen, man muss auch tun.

B UNTERWEGS

Wir versetzen uns in die Zeit des Großen Nordischen Krieges, der in den Jahren 1700 bis 1721 um die Vorherrschaft im Ostseeraum geführt wurde. Genauer ins Jahr 1716, als hier Schweden und Norweger aufeinanderstießen:

Hier auf dem Krogskogen, diesem breiten Höhenzug zwischen dem Lommedalen und dem Tyrifjord, lebten Bent Finne, ein finnischer Einwanderer, und seine einheimische Frau Kari. Er war ein geschickter Aufklärer für die dänisch-norwegischen Truppen, da er die tiefen Wälder in- und auswendig kannte. So bekam er mit, dass die Schweden, die bereits im Lommedalen sind, vorhatten, das Gebiet Ringerike anzugreifen. Dazu mussten sie aber hier durch und später den steilen Abhang hinab nach Sundvollen, der recht leicht zu verteidigen war. Denn am 16. April 1716 hatten es bereits 200 Schweden versucht, mussten aber nach dem heftigen Widerstand der Norweger umkehren, es gab auch Tote. Bent Finne bekam heraus, dass aber dies nur der Anfang eines Angriffes mit dem gesamten etwa 1000 Mann starken Heer war. So vielen Schweden wären die wenigen Norweger nicht gewachsen, ein schreckliches Blutbad drohte.

Nun kam Kari ins Spiel – sie erschien geeignet, da sie die Frau eines Finnen war und die Finnen den Schweden nicht feindlich gegenüberstanden. Sie ging den Weg, den wir gerade zurückgelegt haben, ins Lommedalen und ließ sich dort verhaften. Mit Mut und Geschick gelang es ihr, der Folter zu entkommen und bei einem normalen Verhör den Schweden gegenüber zu behaupten, dass es im Bereich des Krogskogen etwa 1000 norwegische Soldaten gäbe und auch schon Nachschub auf dem Weg ins Lommedalen unterwegs sei. Auch wenn es skeptische Stimmen gab, die sogar ihren Tod forderten, konnte sie die Mehrheit der schwedischen Offiziere überzeugen: Die Schweden griffen nicht nur nicht an, sondern zogen sich zurück!

Nur wenig bekam sie für ihren Mut, und das Denkmal am Benteplassen wurde erst 1956 aufgestellt.

Denken wir dennoch an diese mutige Frau!

Denken wir auch an Episoden aus unserem Leben, wo wir mutig waren oder es hätten sein sollen!

Denken wir an mutige Menschen, die wir kennen!

C ABENDIMPULS

Es ist nicht genug zu wissen, man muss auch anwenden; es ist nicht genug zu wollen, man muss auch tun.

Wissen, ja, natürlich wissen wir, dass wir gefordert wären, öfters den Mund aufzumachen, wenn gegen Minderheiten gehetzt wird. Natürlich wissen wir, dass wir gefordert wären, auf einiges zu verzichten, um das Klima zu schützen und damit die Erde zu retten. Aber anwenden? Sich unbeliebt machen? Nicht fliegen?

Wollen, ja, unser Wille ist da auch oft groß. Unser Tun, naja, das verschanzt sich gern hinter Ausflüchten und vielen Aber´s.

Mut ist immer unbequem, manchmal auch gefährlich wie bei Kari, von der wir heute gehört haben.

Und was wartet auf einen so mutigen Einsatz? Dank? Lob und Ehre? Aber kommt es darauf an?

Aber ohne mutige Menschen wäre unsere Welt eine andere.

Legen wir unsere Gedanken in das folgende kurze Gebet:

Guter Gott, du hast uns deine Schöpfung anvertraut und die Verantwortung für die Welt und ihre Geschichte übergeben. Ich danke dir dafür und habe auch gleichzeitig Respekt vor dieser Aufgabe, die nicht selten von mir Mut und Engagement erfordert, wenn ich sie ernst nehme. Hilf mir, mutig Schritte zu gehen, die diese Verantwortung auch gegen Widerstände verteidigen. Lass mich auch erkennen, wo es Not tut sich einzusetzen! Lass mich morgen mit neuem Mut erwachen – und in Vorfreude auf einen schönen Pilgertag! Amen.

3 Bønsnes Kirke – Taufe

A MORGENIMPULS

Unser Motto am Tag, wo wir der Jugend von Olav am nächsten kommen, ist die Taufe. Anders als die meisten von uns hat er sich taufen lassen, als er auf einem seiner Wikingerzüge nach Nordfrankreich gelangte und dort mit dem Christentum in Berührung kam.

Was ihn dazu bewegt hat – wir wissen es nicht.

Ob ihm gleich oder erst später, als er wieder hierher nach Norwegen zurückkehrte, der Gedanke kam, dass der Glaube an einen Gott auch gut mit einer Herrschaft unter einem König zu verbinden wäre – auch das können wir nicht sagen.

Aber er muss begeistert gewesen sein, er muss quasi „gebrannt" haben; vielleicht waren es die bei Matthäus überlieferten Worte des Johannes des Täufers, die ihn bewegten. Mit Stärke und Feuer konnte er vermutlich viel anfangen.

Daher passt unser heutiger Impuls: „Ich freilich taufe euch in Wasser zur Reue; der aber nach mir kommen wird, ist stärker als ich, ... er selbst wird euch in Heiligem Geist taufen, und in Feuer." (Mt 3,11)

B UNTERWEGS

Die Kirche ließ der Legende nach Olav selbst erbauen, in Erinnerung an seine Kindheit hier und auch an seine Taufe in fremdem Lande.

Der kühne junge Wikinger, der sich taufen lässt. Der heimkehrt und seinen neuen Glauben gegen die althergebrachten

Götter der nordischen Welt verteidigt und sogar verbreiten will.

Wie wir wissen, hat er dabei grausame Methoden nicht ausgeschlossen. Er hat Waffengewalt und Feuer eingesetzt. Wer sich weigerte, wurde nicht selten getötet, auf jeden Fall bestraft. So macht man nicht nur sich wenig Freunde, sondern auch dem neuen Glauben. Denn hartnäckig hielten sich die alten Rituale, nur widerstrebend praktizierten die Menschen die neuen – und als es „Spitz auf Knopf" kam, als Olav im Kampf die Hilfe der zuvor zwangschristianisierten Stämme brauchte, bekam er die Rechnung.

„Ich freilich taufe euch in Wasser zur Reue; der aber nach mir kommen wird, ist stärker als ich, ... er selbst wird euch in Heiligem Geist taufen, und in Feuer." (Mt 3,11)

Statt „mit" habe ich wörtlich genau mit „in" übersetzt, da diese Präposition auch in der lateinischen Vulgata gebraucht wird.

„In Wasser" ist dabei einigermaßen logisch – schließlich stand Johannes bei diesem Ausspruch im Jordan und seine Taufpraxis war wohl auch durchaus ganzkörperlich, also mit Untertauchen im Wasser. Zweck war die Reinwaschung als Zeichen der Reue.

Aber Feuertaufe? Was soll das bedeuten? Wie verstand es Olav?

Dass seine Taufe auch Gewalt und Tod von Nicht-Gläubigen mit sich brachte, das können wir heute nicht nachvollziehen. Es ist auch nur aus der damaligen Zeit heraus erklärlich und vielleicht verständlich.

Wie sollte ein verspotteter, erniedrigter und gekreuzigter Gott den starken Göttern der Wikinger, dem mächtigen Odin etwa, sonst auch nur annähernd Paroli bieten?

Die Vorstellung, einen solchen „Looser" anzubeten, war vermutlich für einen gestandenen Wikinger mehr als skurril, eher schlicht lächerlich. Sie nannten Jesus „hvitakristr", den „weißen Christ" – blutleer, schwach und farblos.

Darum nahm Olav die Worte von Stärke und Feuer wörtlich, er verstand seinen Auftrag, seine Mission jedenfalls so. Feuer und Wasser – zwei Gegensätze, die sich aber in dieser besonderen Sichtweise ergänzen. Auch bei Olav.

C ABENDIMPULS

„Ich freilich taufe euch in Wasser zur Reue; der aber nach mir kommen wird, ist stärker als ich, ... er selbst wird euch in Heiligem Geist taufen, und in Feuer." (Mt 3,11)

Wir haben heute über Olav, seine Taufe und die Auswirkungen davon nachgedacht.

Eines der Zeichen des Heiligen Geistes ist das Erscheinen in Feuerzungen – Ausdruck für den neuen Mut, den die Apostel nach Pfingsten verspürten.

In der frühen Kirche wurde das Wort der Feuertaufe für den gewaltsamen Märtyrertod verwendet, durch welchen den Bekennern Christi das ewige Heil zuteilwerden sollte.

Später sah man im Feuer eher die Metapher für eine auch innere Reinigung, die über die äußeren Zeichen der Wassertaufe hinausgehen sollte.

Das ist stimmig für die Botschaft Jesu, die sich nicht mit äußeren Zeichen begnügt, sondern bei der die innere Haltung das Wesentliche ist.

Legen wir unsere Gedanken in das folgende kurze Gebet:

Guter Gott, was Menschen in der Geschichte auch in deinem Namen an Gewalt anderen angetan haben, befremdet uns und macht uns traurig. Wir versuchen, es zu begreifen, aber es fällt schwer. Doch wie oft sind wir selber in der Situation, andere unbedingt von unserer Sicht überzeugen zu wollen, weil wir von einer Sache selbst überzeugt sind. Dann können wir ihren Widerstand nicht verstehen und kritisieren dies auch – allerdings ohne Gewaltanwendung. Hilf mir, zu lernen, die Überzeugung jedes Menschen zu respektieren, auch wenn es schwer fällt. Schenke mir Ausdauer und Mut für diesen Weg, meinen Glauben zu leben und Zeugnis abzulegen von dir. Wache nun über meinen Schlaf und lass mich morgen mit neuer Kraft erwachen! Amen.

4 Steinringe – Geschichte

A MORGENIMPULS

Unser Motto können wir heute mehrmals deutlich spüren. Der Hauch der Geschichte umwehte uns ja schon gestern bei den Stätten der Kindheit und Jugend Olavs. Heute gehen wir zeitweise noch deutlich weiter zurück in die Vergangenheit, so weit, dass unsere Vorstellungskraft ziemlich gefordert ist.

Die letzte Eiszeit, deren Relikte, die Toteislöcher vor Jevnaker, wir heute bestaunen können, begann vor etwa 115 000 Jahren und endete vor ca. 10 000 Jahren.

Dagegen erscheint vieles jung, auch die Steinkreise mit ihrer vielleicht 1500 Jahre alten Geschichte. Diese Grabumfassungen für Feuerbestattungen machen uns nachdenklich.

Dagegen erscheint vieles unbedeutend, auch unsere Probleme.

Unser heutiger Impuls stammt vom dänischen Philosophen und Theologen Sören Kierkegaard:

Die innere Geschichte ist erst die wahre Geschichte.

B UNTERWEGS

Wir haben zwei besondere Orte gesehen – die Steinringe von Mosmoen, dieses uralte Dokument der menschlichen Besiedelung hier in Hadeland, und die noch etliche Jahrtausende älteren Bodendenkmäler der Toteislöcher, deren Entstehung für uns eine fast nicht nachvollziehbare Zeit lang zurückliegt.

Heute können wir darüber nachdenken, was diese Orte alles schon erlebt haben.

Diese lange Geschichte. Unzählige Sommer und Winter. Menschen, deren Entwicklung an ihnen vorbei-gegangen ist. Mit ihren Geräten und Werkzeugen, die immer ausgefeilter wurden. Mit ihren Fortschritten an Technik.

Wie viele Tiere sind an ihnen vorbeigezogen, wie viele Menschen haben sie kurz, vermutlich oft mit Verwunderung, nachdenklich betrachtet? Wie oft dienten die Steinkreise wohl den Einheimischen als Treffpunkt und Gedenkort? Wieviel Klatsch und Tratsch haben beide Orte dabei gehört, wie viele ernste Gespräche? Wie oft wurden die Steine angekratzt, wie oft haben sich Tiere daran gerieben, Menschen darauf oder daneben gesetzt?

Das alles haben die Steinkreise und Toteislöcher ausgehalten, überstanden. Unbeeindruckt. Unbeschadet.

Verspüre ich da eine Sehnsucht, auch so zu sein? So ein starker, allen Widrigkeiten die Stirn bietender Stein? Der Ruhe ausstrahlt und Beständigkeit.

Suchen wir nun einen Ort, an dem wir so eine Beständigkeit spüren können. Einen Stein oder auch einen Baum. Berühren wir ihn und schließen wir für einen Moment die Augen, für das Gefühl, dass der Baum oder Stein uns teilhaben lässt an seiner Energie und Kraft!

Als Christen sollten wir es aber nicht bei der Energie und Kraft der Natur belassen, sondern unsere Dankbarkeit und unser Ruhen dem schenken, der Himmel und Erde geschaffen hat!

C ABENDIMPULS

Die innere Geschichte ist erst die wahre Geschichte.

Äußere, nach außen sichtbare Dokumente langer Geschichte haben wir heute unterwegs kennen gelernt. Beeindruckend und zum Nachdenken anregend.

Die innere Geschichte, auch unsere eigene innere Geschichte, sieht man nicht. Wir haben die Geschichten der Menschen, die in den Steinkreisen bestattet wurden, nicht erfahren, nicht die Trauer ihrer Angehörigen, nicht die Umstände ihrer Todesart, nicht ihre Überzeugungen und ihren Glauben, nicht ihr Vergessen-Werden. All dies sieht man nicht, und zwar nicht nur, weil so viele Jahre dazwischen liegen.

Oft kennen wir innere Geschichten nicht einmal bei unseren Familienangehörigen oder besten Freunden.

Kenne ich meine innere Geschichte? Welche Episoden blende ich dabei gern aus? Was dagegen überstrahlt alles oder vieles andere? Und was ist, wenn ich eine Episode plötzlich wieder entdecke?

Legen wir unsere Gedanken in das folgende kurze Gebet:

Guter Gott, du Herr über Zeit und Ewigkeit, ich vergesse oft, dir für meine innere Geschichte zu danken. Ich denke an alle, in deren Spuren ich gehen kann, an meine Vorfahren und diejenigen, die auch schon auf diesem Olavsweg unterwegs waren. Ich möchte dir all die Wege meines Lebens anvertrauen, alles, was mein Leben reich und schön, aber auch anstrengend und interessant macht. Erinnere mich immer wieder an die Freude darüber und das Vertrauen darauf, wenn es einmal nicht so läuft wie geplant! Lass mich morgen mit neuem Mut und neuer Kraft erwachen – und in Vorfreude auf einen schönen Pilgertag! Amen.

13 Sundgarden – Tod

A MORGENIMPULS

Unser Motto ist heute wieder einmal von einer konkreten Begebenheit inspiriert, die uns unterwegs begegnet und berührt. Wir kommen an eine wunderschöne Stelle am Lågen, an der vor Jahrhunderten ein tragischer Unfall viele Menschenleben kostete.

Grund genug, einmal darüber nachzudenken, wie wir mit Unglück, Leid und Tod umgehen.

Dazu haben wir heute ein etwas längeres Mantra, das gern auch gekürzt unseren Pilgertag begleitet. Es stammt vom altgriechischen Philosophen Epikur:

Das Unglück muss man heilen durch die freudige Erinnerung an das Verlorene und durch die Erkenntnis, dass es nicht möglich ist, das Geschehene ungeschehen zu machen.

B UNTERWEGS

Hier ist es geschehen vor mehr als 200 Jahren, ein schreckliches Unglück, das sich tief in die Erinnerung der Einheimischen eingebrannt hat. Da wollen Jugendliche ans andere Ufer, weil sie sich auf ihre Konfirmation vorbereiten wollen, und ihre Fähre kentert, fast alle sterben.

Furchtbares Unglück, sinnloser, früher Tod, riesige Verzweiflung und die Frage nach dem Warum.

Wir alle kennen das. Plötzliche Todesfälle, die uns erschrecken, die uns herausreißen aus unserem so sicher geglaubten Alltag, die uns unsere Machtlosigkeit, Verletzlichkeit und schließlich Vergänglichkeit drastisch vor Augen führen.

Wir alle kennen das. Abschiednehmen von Menschen, die einem etwas bedeuten, gehört zu den schwierigsten und traurigsten Momenten im Leben.

Gehen wir dabei zurück bis in unsere Kindheit. Wann habe ich zum ersten Mal ein Unglück oder einen schmerzhaften Abschied bewusst erlebt? Bei einem Umzug eines befreundeten Kindergartenkindes, beim Verlust eines Haustieres, beim Tod eines (Ur-)Großelternteils?

Welche Verluste hatte ich in meiner Jugend zu verkraften? Die erste große Liebe? Eine/n beste/n Freund/in, der sich plötzlich so ganz anders entwickelte? Das Auseinandergehen der Klassengemeinschaft nach dem Schulabschluss?

Und als Erwachsener – welche Verluste musste ich beweinen? Den des Arbeitsplatzes? Die Trennung vom Lebenspartner? Todesfälle in der Familie oder im Freundeskreis? Welche Unglücksfälle nehmen mich mit?

Was hat mich dabei getröstet und mich weiterleben lassen? Welche Menschen haben mir dabei geholfen? Welche Unglücksfälle bewerte ich im Nachhinein vielleicht sogar als positiv für meine weitere Entwicklung? An welchen Verlusten leide ich noch immer?

Es kann durchaus heilsam sein, bei den Gedanken zurück in die eigene Vergangenheit auch Emotionen und Tränen zuzulassen. Hier sieht sie keiner.

Wichtig ist aber, danach zuzulassen, dass die Wunde heilen kann, also das Vergangene ruhen zu lassen, und sich weiter auf den Weg zu machen.

Dabei kann ein Abschiedsritual helfen: Wir suchen ein paar Blumen oder lange Gräser, binden oder flechten sie zusammen und legen sie hier oder auf dem nächsten Wegstück ab.

Damit übergeben wir Gott unsere Trauer und unsere Tränen. Ein frei formuliertes, persönliches Gebet, das den Dank und auch den Schmerz beinhalten kann, oder ein Vater Unser sind dabei auch sehr hilfreich.

C ABENDIMPULS

Das Unglück muss man heilen durch die freudige Erinnerung an das Verlorene und durch die Erkenntnis, dass es nicht möglich ist, das Geschehene ungeschehen zu machen.

Vielleicht haben wir heute an der alten Fährstelle auch mit diesen Gedanken Epikurs ein wenig unsere eigene Geschichte betrachtet, unsere ganz eigenen Verluste, Dramen und Unglücksfälle. Und vielleicht haben wir sie ein wenig heilen können, unsere Wunden, die wir durch sie erlitten haben.

Besonders das Thema Abschied wird uns auch weiterhin begleiten - im Grunde verabschieden wir uns beim Pilgern ja ständig. Nie kehren wir dahin zurück, wohin wir am Vortag unter zum Teil ja großen Mühen gekommen sind, wo es uns vielleicht gut gefiel, wo wir angenehme Menschen getroffen haben. Es geht immer weiter. Das ist nicht immer schön, aber notwendig. Sonst erreichen wir unser Ziel nicht.

Vielleicht kann diese Erkenntnis auch heilen.

Legen wir unsere Gedanken in das folgende kurze Gebet:

Guter Gott, auch mein Leben ist mit Abschieden, Unglücks- und Todesfällen vertraut. Ich habe sie dir heute hingehalten, meine persönlichen Verluste und besonders meine lieben Verstorbenen. Schenk mir die Gewissheit, dass sie bei dir geborgen sind, und gib mir Trost und Kraft auf meinem Lebensweg. Lass mich morgen mit neuem Mut erwachen – und in Vorfreude auf einen schönen Pilgertag! Amen.

16 Ringebu Kirke – Kunst

A MORGENIMPULS

Auf unserem Pilgerweg liegt heute das bedeutendste Kunstwerk abgesehen von unserem Zielpunkt, dem Nidarosdom in Trondheim: die Stabkirche von Ringebu. Seit dem Mittelalter ruft sie auf einem alten Thingplatz der Wikinger zum Gebet. Von unvorstellbarer Mühe und Kunstfertigkeit erzählt diese vermutlich größte aller norwegischen Stabkirchen, und auch von der Haltbarkeit des Holzes.

Grund genug, uns einmal Gedanken darüber zu machen, wie Kunst unser Leben bestimmt. Hier auf dem Olavsweg, fast ausschließlich umgeben von Natur oder auch von Menschen, die mit und von der Natur leben, ist ein Kunstwerk wie die Ringebu Kirke etwas Besonderes.

Sie lädt auch ein, uns Gedanken zu machen, was Kunst für die Menschen bedeutete, die diese Kirche schufen. Was Kunst insgesamt für Menschen bedeutet.

Der deutsche Dramatiker Friedrich Hebbel ist heute Pate für unser kurzes Mantra:

Die Kunst ist das Gewissen der Menschheit.

B UNTERWEGS

Es scheint, als hätten die Baumeister des Mittelalters hier in diesem langen Tal einmal beweisen wollen, was in ihnen steckt. Auf einer Vorgängerkirche, die sich wiederum auf einem alten heidnischen Thingplatz befanden, schufen sie ein gigantisches Gebäude, nur aus Holz, ohne Nägel und Schrauben.

Als Zeichen, dass die alte heidnische Kultur endgültig der Vergangenheit angehörte. Als selbstbewusstes Signal für das ja noch nicht sehr alt eingesessene Christentum.

Ihre Kunstfertigkeit machte einen hohen Innenraum möglich, beeindruckende Kruzifixe, schöne Statuen. Wenn wir uns vorstellen, dass die Kirche ja ursprünglich noch um einiges größer war, kommen wir aus dem Staunen gar nicht mehr heraus. Hohe Kunst mitten auf dem norwegischen Land. Kein reicher Geldgeber, wahrscheinlich nur Einheimische, die ihre Hauszeichen ja auch noch in das Holz ritzten.

Diese Künstler bauten damit nicht nur eine Kirche, sie bauten damit auch an der Kirche Norwegens. Kirche ist ja nicht nur das Bauwerk, sondern auch die Institution. Beides aufzubauen, an beidem mitzuwirken ist heute noch Aufgabe für uns.

Und vielleicht ist es sogar die einfachere Übung, Holz aufeinanderzuschichten und konkret ein Bauwerk entstehen zu lassen als in unseren Gemeinden ganz konkret Kirche aufzubauen, Gemeinschaft des Glaubens zu errichten.

Nehmen wir uns bei der Besichtigung die Zeit, diesen Gedanken nachzuspüren.

C ABENDIMPULS

Die Kunst ist das Gewissen der Menschheit.

Unser Mantra führt uns an einen spannenden Punkt. In Ringebu erschien die Aussage für uns passend: Das Gewissen der mittelalterlichen Menschen und dadurch auch der Baumeister war dadurch geprägt, dem damals noch recht neuen Gott und dem Glauben an ihn einen Ausdruck zu verleihen.

Gewissen der Menschheit, was soll das sein? Kann die Menschheit ein Gewissen haben? Und warum die Kunst?

Kunst drückt aus, was Menschen bewegt. Jeweils in ihrer Zeit. Sie schaffen etwas, was dauerhaft bleiben soll. Etwas, was von ihrer Existenz und ihrem Glauben kündet. Die Norweger bewegte im 13. Jahrhundert ihr neuer Glaube. Die Menschen der Renaissance die Wiederentdeckung der

Antike. Im 19. Jahrhundert die beiden ambivalenten Pole, einerseits das Sich-Zurückziehen in die Privatheit, andererseits das extrovertierte Aufbrechen der Expressionisten.

Und bei uns? Was bewegt uns? Drückt die moderne Kunst das aus? Wie würden wir uns ausdrücken?

Nehmen wir uns Zeit, wenigstens gedanklich, vielleicht aber auch ganz konkret hier ins Buch dem Ausdruck zu verleihen, was für uns in unserer Zeit und Welt das ist, was ausgedrückt werden sollte (Platz dafür ist auf S. 139)!

Wer jetzt nur an Bauwerke denkt, fasst die Möglichkeit, die darin liegt, viel zu eng.

Wir alle sind Künstler mit den unterschiedlichsten Talenten – Geschichtenerzählen, Singen, Zuhören – und können vielleicht auch das, was von uns "übrig bleiben" sollte, nun ausdrücken.

In unseren Kindern, aber auch Freunden lebt das, was wir beigetragen haben als Fußabdruck weiter. Er soll eine Bereicherung sein...

Legen wir danach unsere Gedanken in das folgende Gebet:

Guter Gott, ich lasse ich mich oft von Kunst früherer Zeiten begeistern und haben heute die Kunst inmitten der Naturschönheiten auch wieder sehr genossen. Mein Herz und mein Verstand freuen sich über das, was unsere Vorfahren uns an Schönem hinterlassen haben. Schenke mir auch einmal den Mut, selbst zum Künstler, zur Künstlerin zu werden und das auszudrücken, was mir wichtig ist! Lass mich morgen mit neuem Mut und neuer Kraft erwachen – und in Vorfreude auf einen schönen Pilgertag! Amen.

29 Løkken Verk – Technik

A MORGENIMPULS

Wir wandern heute durch ein von früherer Industrie und Technik geprägtes Tal und können daher einmal darauf den Fokus richten, wie der technische Fortschritt unser Leben prägt und wie wir damit umgehen.

Im Grunde merken wir ja selbst beim eher minimalistischen Pilgern, dass Technik, auch industrielle, uns umgibt, dass wir sie verwenden und mit ihr leben.

Was immer die Frage aufwirft, was wir eigentlich brauchen. Warum wir vermutlich selbstverständlich das Handy dabei haben, vielleicht auch ein GPS-Gerät.

Und wie es Pilgern im Mittelalter ergangen sein mag, die ohne diese Errungenschaften der Technik auskommen mussten.

Unser Impuls stammt heute von J.W. von Goethe, aus seinen naturwissenschaftlichen Schriften, die er in den Jahren 1784 bis 1810 verfasste:

Denn es ist zuletzt doch nur der Geist, der jede Technik lebendig macht.

B UNTERWEGS

An mehreren Zeugnissen der Zeit früher Industrialisierung sind wir heute schon vorbeigekommen und sehen sie hier auch wieder. Die historische Eisenbahn, die Technik beim Bergbau, davor das Holzwerk und der Steinbruch – Eingriffe des Menschen in die Natur und Erfindungen, ihre Schätze nutzbar zu machen und zu transportieren.

Erfindungen, Entwicklungen sind und waren stets etwas unerhört Neues, nur aufgeschlossene Menschen forschen und forschten an Novitäten und immer komplexeren Geräten, Maschinen und Hilfsmitteln, die das Leben und Arbeiten einfacher machen sollten. Einfacher, schneller, komfortabler.

Allerdings ist bei vielen Erfindungen auch anzumerken, dass sie für kriegerische Zwecke entwickelt wurden. Ob GPS oder andere Dinge, die ich nutze – vieles wurde von militärischen Erwägungen finanziert und angestoßen. Ich nutzte sie praktisch in einer zweiten Auswertungskette. Kritische Reflexion ist da angesagt – wie auch bei neuen Entwicklungen wie bei KI, Klonen oder Fracking.

Der Wert der Erfindungen erweist sich dabei oft nicht gleich, Vorbehalte sind normal und auch oft sinnvoll. Heute nehmen wir es als recht selbstverständlich wahr, dass wir mittels verschiedener Geräte unseren Alltag anders strukturieren können als unsere Vorfahren, die keine Wasch- oder

Spülmaschine kannten oder die von Nachrichten aus dem Nachbartal erst nach Monaten erfuhren, während wir in Sekundenschnelle darüber informiert werden, was auf der ganzen Welt gerade geschieht.

Oder auch, ob heute oder bald schon ein Unwetter kommt. Ob in der Unterkunft noch etwas frei ist. Ob die Einkaufsmöglichkeit noch offen hat, wenn ich daran vorbeipilgere.

Wie haben die früheren Pilger, auf deren Spuren wir wandeln, das ohne diese Informationen geschafft? Und auch ohne die Rückbindung an zu Hause, wo doch immer mal wieder ein Anruf oder eine SMS ganz gut tut?

Mit Mut und Vertrauen auf die eigene Stärke, die Gastfreundschaft, die Fähigkeiten, das Wetter selbst einzuschätzen. Und mit Vertrauen auf Gott – ja, vermutlich auch.

Brauchen wir das dann nicht mehr? Doch, bestimmt auch, und vermutlich haben wir bisher auch schon ein paar Situationen erlebt, wo dieses trotz aller technischen Hilfsmittel auch uns modernen Pilgern geholfen hat.

Doch aus lauter Gottvertrauen nicht selbst tätig werden? Auf unsere vertrauten Geräte verzichten? Warum sollten wir? Wir sind zum Handeln aufgerufen – im Namen Gottes. Schon seit dem Beginn der Schöpfung.

C ABENDIMPULS

Denn es ist zuletzt doch nur der Geist, der jede Technik lebendig macht.

Geistlose Technik, ja die gibt es auch. Überflüssige Erfindungen, die im Grunde nur Spielerei sind und uns nicht vorwärts bringen. Technik, die mehr schadet als nützt. Die Menschen entmündigt oder sogar unnötig macht.

Goethes Gedanke kennt noch keine Roboter, keine Gentechnik, keine Atomkraft. Auch all diese sehr ambivalenten Produkte sind dem Geist von Menschen entsprungen. Wurden auch be-geistert aufgenommen und eingesetzt. Von Menschen. Nicht immer für Menschen.

Schauen wir einmal kritisch auf unser Leben im Alltag und ziehen wir eine ganz persönliche Bilanz unserer Technikbegeisterung.

Welche technischen Geräte vermisse ich hier beim Pilgern? Warum? Oder warum auch nicht?

Legen wir unsere Gedanken in das folgende kurze Gebet:

Guter Gott, ich danke dir für diesen Tag, seine Begegnungen und Erfahrungen. Ich habe oft Sorge, dass die Forschung nach neuen Entwicklungen und technischen Fertigkeiten nicht immer den Dienst zum Wohle des Menschen in Fokus hat. Ich möchte dir aber auch Dank sagen für die Technik, die Menschen entwickelt haben, die ich nutzen darf. Oft mache ich dies gedankenlos. Sei bei mir in meinem Geist, in meinem Denken und Tun, auch wenn ich wieder daheim im Alltag angekommen bin. Beschütze nun meinen Schlaf und lass mich morgen mit neuer Kraft erwachen! Amen.

32 Trondheim – Ziel

A MORGENIMPULS

Unser Motto speist sich heute natürlich daraus, dass wir das Ziel des Olavsweges erreichen, Trondheim, den Nidarosdom. Die schöne Stadt ist mehr als eine Übernachtungsstelle, mehr als ein Etappenziel.

Wichtig ist es grundsätzlich, immer ein Ziel vor Augen zu haben. Ob wie bei uns heute einen konkreten Ziel-Ort oder im übertragenen Sinn ein Ziel, das wir im Leben oder in den nächsten Jahren anstreben, beruflich oder privat – es ist etwas wert, ein Ziel zu verfolgen.

Doch wenn man ein Ziel erreicht hat, schleicht sich manchmal neben der Freude auch ein wenig Wehmut ein. Vielleicht auch schon ein paar Tage davor. Denn: Was jetzt? Wir sind so lange auf Trondheim zu gepilgert, das war unser Lebensinhalt, was sollen wir jetzt dann machen?

Marie von Ebner-Eschenbach stellte dies auch schon fest – unser letztes Mantra, das uns vielleicht noch einmal die Freude über unser Unterwegs-Sein erspüren lässt:

Am Ziel deiner Wünsche wirst du jedenfalls eines vermissen: dein Wandern zum Ziel.

B UNTERWEGS

An der Feginsbrekkja

Nun ist der Blick darauf frei, es ist nicht mehr weit, wir können ihn sehen, den Nidarosdom. Unser Zielpunkt der Pilgerreise. Das Grab des Olav. Sehnsuchts- und Pilgerziel nicht nur von uns, sondern auch von vielen Touristen, die mit den beliebten Hurtigruten-Schiffen vom Meer her kommen. Für diese steht das prächtige Zeugnis mittelalterlicher Kunst, hier im hohen Norden einzigartig und herausragend, auch als ein Zwischenziel auf dem Programm.

Und was ist unseres? Mal abgesehen vom Erreichen des Nidarosdomes heute, von angestrebten Karriereplänen oder anderen Träumen, um deren Verwirklichung wir uns bemühen. Was ist unser Ziel?

Paulus deutet es im Philipperbrief an, dass auch er noch auf dem Weg ist, dass er aber den „Siegespreis" klar vor Augen hat: das ewige Leben, seine Berufung in den Himmel durch den Glauben an Jesus Christus. (Phil 3,14).

Auch das klingt noch sehr abstrakt, schwer zu greifen. So weit denken wir normalerweise nicht. Und dann: Wie erreicht man dieses Ziel?

Olav hat die Passage mit dem Siegespreis sicher ganz wörtlich verstanden und hat versucht, das Christentum durch konkrete Siege zu verbreiten. Damit kann er uns natürlich kein Vorbild sein, so können und sollen wir das bestimmt nicht verstehen.

Wie dann? Was können für uns konkrete Schritte zu diesem Ziel sein?

Da zählt für uns im Gegensatz zu Olav viel mehr Innerliches als äußere Zeichen. Vielleicht könnten wir danach streben, wie jetzt beim Pilgern bedürfnislos zu werden, verbunden mit der Schöpfung und unseren Mitmenschen. Wir können vom Pilgern mitnehmen, glaubend und auf Gott vertrauend, hoffend und Hoffnung schenkend zu leben. Wir können beten und vor allem lieben.

Ziele genug. Ob wir sie jemals erreichen?

C ABENDIMPULS

Am Ziel deiner Wünsche wirst du jedenfalls eines vermissen: dein Wandern zum Ziel.

Wir sind angekommen, haben unser Ziel nicht aus den Augen verloren. Wie viele Tage und Momente haben wir auf diesen Tag und Moment hinge „arbeitet", wie viele Male uns gedacht, dass wir es nie erreichen werden? Wie viele schwierige Phasen haben wir gemeistert? Und jetzt: wie ist mein

Gemütszustand? Vermisse ich es schon jetzt, morgen mal nicht etliche Kilometer vor mir zu haben und durch die norwegische Natur zu laufen?

Vielleicht haben wir heute aber auch über unser Lebensziel nachgedacht, jedenfalls wollen wir es jetzt noch einmal tun.

Was strebe ich an? Wonach? Und warum? Was erhoffe ich für die nächsten Tage, Wochen, Monate, Jahre?

Wo liegt das Ziel meines Lebens? Gibt es ein Ziel über mein Leben hinaus?

Legen wir unsere Gedanken in das folgende Gebet:

Guter Gott, ich habe heute mein Ziel erreicht, ich bin im wunderschönen Trondheim angekommen. Meine Wünsche, Bitten und Sorgen, die mich beschäftigen, lege ich in Deine Hände. Du bist der, der mich versteht und auf den ich mein ganzes Vertrauen setze. Vielen bin ich auf meinem Weg begegnet und habe sie kennengelernt. Sie waren mit mir ein Stück meines Lebens unterwegs. Nicht alle sind angekommen so wie ich hier in Trondheim. Ich bitte dich um Deine Hilfe für sie. Ich bin dankbar für die Hilfe, die ich durch andere auf meinem Weg erfahren habe. Lass mich spüren, wie ich auch zu Hause in meinem Alltag deinen Auftrag an mich erfüllen kann, um etwas von der Weite, der Schönheit der Natur und der Herzlichkeit der Leute in mein normales Leben mitzunehmen und einst das Ziel meines Lebens zu erreichen! Wache nun über meinen Schlaf und lass mich morgen mit neuer Kraft erwachen und dann auch gut nach Hause kommen! Amen.

Freier Themen-Pool

Abstieg

A MORGENIMPULS

Abstiege erleben wir fast täglich auf unserem Pilgerweg. Für die meisten Wanderer ist er die leichtere „Disziplin"; wer über Knieprobleme klagt, sieht das etwas anders. Aber natürlich – es geht schneller, wir können leichter atmen, dadurch fallen Gespräche leichter.

Abstiege in anderen Lebenssituationen sind da ganz anders – und an die wollen wir eigentlich nicht denken. Wenn der Lieblingsverein absteigt, freut das keinen Fan, und sozialer oder beruflicher Abstieg sind angsteinflößende Begriffe. Freiwillig will das niemand. Naja, fast niemand – wenn man an Biografien wie die des hl. Franz von Assisi denken mag, der auf seinen Reichtum verzichtete, um als Bettler nur für die Liebe Gottes zu leben.

Unser Impuls von Guy de Maupassant fasst beide Facetten des Begriffes in der einfachen Erkenntnis zusammen:

Bergauf geht es langsam, doch bergab schnell.

B UNTERWEGS

Wenn wir uns nach unten, also talwärts bewegen, nennen wir das Abstieg. Langsam (oder auch schneller) geht´s bergab!

Letztere Floskel gebrauchen wir aber auch sonst oft. Manchmal halbernst – etwa bei runden Geburtstagen. Es schwingt aber immer der Hauch von Vergänglichkeit mit. Als wären jetzt die besten Jahre vorbei. Als wäre es erstrebenswert, immer jung zu sein. Gesellschaftlich ist das bestimmt so gewollt – nicht umsonst boomen Anti-Aging-Produkte, nicht umsonst rackern sich viele in Fitness-Studios ab.

Geht es wirklich bergab, wenn man älter wird? Empfinde ich es so?

Der alttestamentliche Prediger Kohelet konstatiert die Vergänglichkeit der Jugend ganz nüchtern und rät: Nimm den Zorn von deinem Herzen weg und halte Unheil von deinem Körper fern; denn Jugend und Vergnügen sind vergänglich.

Zorn und Unheil können Herz und Körper schaden. Die Erfahrung, dass negative Gedanken und Krankheiten alles andere als nützlich für den Menschen sind, war auch schon vor mehr als 2300 Jahren bekannt. Die Vergänglichkeit von Jugend und Vergnügen sowieso. Eine Klage darüber wird aber nicht geführt. Es klingt nach einer einfachen Feststellung, einer Tatsache.

Warum tun wir uns so schwer damit? Was ist los mit dieser Selbstoptimierung, die in unserer Gesellschaft herrscht? Wovor laufen wir hier weg und verschließen die Augen? Vor dem Bergab? Vor dem Verfall des Körpers? Und was ist mit dem Verfall der Seele? Wenn es mit der bergab geht?

Es ist gut, dass wir Möglichkeiten haben, uns sowohl psychisch als auch physisch gesünder zu halten als unsere Vorfahren. Dieses Wissen und die medizinischen Fortschritte sind Gründe genug, dem „Bergab" mit einer gewissen Leichtigkeit zu begegnen. Schließlich ist unsere Lebenserwartung immer noch im Steigen begriffen, und die Lebensqualität wird ebenfalls durch vielerlei Erkenntnisse hoch gehalten. Eigentlich muss niemandem vor dem „Bergab" bange sein.

Ein krampfhaftes Festhalten an der Jugend wirkt irgendwann albern. Und vielleicht steckt ja auch eine gewisse Flucht vor der Zukunft, der Realität dahinter. Und dann stellt sich noch die Frage: Würde ich wirklich noch einmal ernsthaft jung sein wollen? Mit allen Konsequenzen? Die ganzen bereits getroffenen Entscheidungen im Leben, die manchmal bitteren Erfahrungen, all die Prüfungen – will ich die noch einmal machen müssen?

Die wahre Herausforderung liegt doch vor uns – und die Schlüssel, diese zu meistern, haben wir durch unsere Erfahrungen auch aus der Jugend gesammelt.

Vielleicht ist auf einem leichten Abstieg Zeit, darüber nachzudenken und sich mit der eigenen Lebenswirklichkeit zu versöhnen, wenn wir tatsächlich die Erkenntnis haben sollten, dass es „bergab" geht.

C ABENDIMPULS

Bergauf geht es langsam, doch bergab schnell.

Eine alte Bergsteigerweisheit, könnte man sagen. Der Autor hat im Kontext dieses Satzes auch das Bild eines Berges vor Augen, den er mit dem Leben vergleicht: „Solange man hinaufsteigt, sieht man den Gipfel und fühlt sich glücklich. Ist man aber oben, dann erblickt man den Abgrund und das Ende, nämlich den Tod."

So weit haben wir heute wahrscheinlich nicht gedacht. Dennoch: der letzte Abstieg ist der Tod. Die Abgründe davor genügen aber auch schon, um uns gelegentlich sorgenvoll auf unsere Zukunft blicken zu lassen.

Doch bestimmen darf uns diese Angst oder Sorge nicht. Bestimmen darf uns die Überzeugung, dass es nach einem Bergab auch immer wieder ein Bergauf gibt – für uns Christen auch nach dem Tod. Das Bergauf der Auferstehung.

Legen wir unsere Gedanken in das folgende kurze Gebet:

Guter Gott, in dir bin ich geborgen, auch wenn es einmal in meinem Leben bergab geht. Halte du Unheil von mir fern. Befreie mich auch von unheilvollen Gedanken, die in mir hochkommen. Lege deinen Segen auf mich und auf alle, an die ich nun denke. Gib mir Kraft für die Herausforderungen, die mich noch erwarten werden. Lass mich im Bewusstsein meiner Vergänglichkeit und in Respekt vor dem Wirken der Natur meine Pilgerwanderung fortsetzen und gut beenden – nach einer gesegneten Nacht in deinem Frieden. Amen.

Aufstieg

A MORGENIMPULS

Wir gehen am Olavsweg im Grunde genauso viel und lange bergauf wie bergab. Die meisten Pilger bewerten jedoch die Tage, an denen es vorwiegend bergauf geht, als die anstrengendsten. Und für viele prägen sie das Bild dessen, was der Olavsweg körperlich von einem fordert.

Bergauf ist aber sonst eigentlich positiv belegt. Wenn wir etwa gerade in einer Genesungsphase sind, sagen wir oft: Es geht schon wieder bergauf.

Auch Aufstiege im Beruf oder im Sport machen froh – etwas Höheres wird erreicht, wir können stolz auf uns sein. Die Mühen sind dann schnell vergessen. Aber sie waren da. Ohne Anstrengung geht es nicht, ohne Schweiß und Fleiß kein Preis.

Unser Impuls stammt von Matthias Claudius und spricht diese alte Wahrheit ebenfalls an:

Man kann nicht bergauf kommen, ohne bergan zu gehen.

B UNTERWEGS

Mit jedem Schritt bergauf weitet sich der Blick. Der Aufstieg führt auf den Gipfel oder zumindest auf einen Pass oder guten Aussichtspunkt.

Das Panorama ist ein wunderbarer Lohn für die Mühe und baut uns auf. Der Blick schweift in die Ferne, wir sitzen auf vermutlich geschichtsträchtigem Boden und vielleicht regenerieren wir gerade mit einer Brotzeit unsere Kräfte. Wir erholen uns, wir freuen uns, wir bauen uns auf.

Fragen wir uns dabei, was uns im Alltag sagen lässt: „Das baut mich jetzt auf!" und erinnern wir uns an Situationen, wo dies der Fall war!

Ein Lächeln eines Unbekannten im Bus voller gehetzter Menschen. Ein Brief nach langer Sendepause. Ein unerwartetes Kompliment. Ein anerkennender Blick. Eine liebe Geste mitten im Stress.

Was uns automatisch zum Thema „Aufbauende Ereignisse" in den Sinn gekommen wäre, sind vermutlich besondere Erlebnisse jenseits des Alltags. Der Heiratsantrag. Eine gute Schulnote trotz zunächst schlechtem Gefühl. Oder ein alter Freund, der plötzlich ohne Vorwarnung, aber mit einem Blumenstrauß vor der Haustür steht. Oder ein mühevoller und verregneter Aufstieg auf einen Berg, und oben angekommen reißt auf einmal die Wolkendecke auf und die Sonne strahlt. Von solchen Momenten zehren wir lange. Und jetzt auch.

Menschen pilgern seit langer Zeit hier, um ihre Anliegen vor Gott zu tragen. Das ergibt über all die Generationen und Jahrhunderte eine Gemeinschaft. Auch das kann aufbauen. Mit anderen zusammen, die Ähnliches erbitten oder erstreben wollten, erhalten wir Inspiration, Mut und das Gefühl, nicht allein zu sein.

Gerade bei anstrengenden, schwierigen Passagen, bei kräftezehrenden Aufstiegen und auf mühsamen Wegen kann dies auch eine Kraftquelle sein, die uns leichter bergauf bringt: an positive, aufbauende Ereignisse denken, sich verbunden wissen mit anderen vor uns oder auch mit uns.

Dann wird jeder Aufstieg leichter.

Diese Erkenntnis kann uns dann auch wieder im Alltag helfen. Auch da ist jeder Aufstieg leichter, wenn man nicht allein ist und wenn man positiv denkt. Im Team und mit guten, inspirierenden Gedanken komme ich besser vorwärts als egoistisch, verbissen und nur auf den Erfolg fixiert.

Das Leben hält ja nicht nur Aufstiege bereit. Abstieg, Fall oder Abschwung sind regelmäßig zu erwarten. Doch wenn ein positives Gefühl vorhanden ist, wird es mich auch durch das nächste Tal weiter begleiten, wenn es nach einem Abstieg wieder aufwärts geht.

C ABENDIMPULS

Man kann nicht bergauf kommen, ohne bergan zu gehen.

Gut, der Tag heute war anstrengend, körperlich wie auch gelegentlich mental. Dass dies aber zum Pilgern wie zum Leben allgemein dazu gehört, das ist auch klar.

Und wenn wir ehrlich sind, wäre ein Leben ohne Mühe auch irgendwann langweilig und fad. Es ist gut, sich zu fordern, solange keine Überforderung droht. Diese Grenze zu spüren, geht vielen Menschen heute verloren – steigende Zahlen von Burn-Out-Erkrankungen sprechen hier eine eigene Sprache.

Im Leben wie auch beim Pilgern ist es also wichtig, auf sich zu achten und nichts zu übertreiben.

Legen wir unsere Gedanken in das folgende kurze Gebet:

Guter Gott, du forderst etwas von jedem einzelnen von uns. Nicht nur beim Pilgern, auch am Aufbau von Gesellschaft und Kirche soll ich mitarbeiten. Schenke mir Fantasie und gute Gedanken dafür! Zeige mir aber auch meine Grenzen, hilf mir, sie zu erkennen und Konsequenzen daraus zu ziehen! Denn nicht ich alleine muss ich dies alles bewältigen. Lass mich morgen mit neuer Kraft und neuem Mut erwachen – und in Vorfreude auf einen weniger anstrengenden Pilgertag! Amen.

Aus-rasten

A MORGENIMPULS

Siesta halten, und abends dann so richtig rasten, das machen vernünftige Pilger jeden Tag. Und nicht nur Pilger!

Wir spüren dabei jetzt am Morgen, wie eine solche lange Rast nach erholtem Schlaf, nach einem stärkendem Frühstück, wärmendem Tee, Kaffee uns gut tut. Und abends, wenn wir in einer Herberge Zuflucht finden und dann ganz aus-rasten können, merken wir oft erst, wie müde wir sind und was alles in unseren Knochen steckt. Dann ist es schön, es warm zu haben, etwas essen und trinken zu können, vielleicht Gemeinschaft zu erleben und schließlich die Glieder ausstrecken zu dürfen.

Unser Impuls aus der Bibel spricht ganz allgemein vom überreichlichen Leben, das wir als Pilger so besonders intensiv spüren können:

Im Johannesevangelium heißt es: „Ich bin gekommen, damit sie das Leben haben, und sie sollen es noch überreichlicher haben!" (Joh 10,10).

B UNTERWEGS

Jetzt unterwegs erleben wir bei einer Rast vor allem Ruhe und eine kleine Stärkung. Nehmen wir heute dies ganz bewusst wahr und genießen die Ruhe bei der Mittagsrast heute ohne weiteren Impuls.
Lenken wir aber vielleicht beim Aufbruch oder auch kurz vor dem Erreichen unserer Unterkunft unsere Gedanken auf die lange Rast am Abend – voller Vorfreude und Lust!

Rast, Nahrung, Ruhe, Sicherheit, Geborgenheit – bei diesen Stichworten kommt fast automatisch eine Assoziation zustande, die wir jetzt dann gleich oder abends in unserer Unterkunft erleben und spüren können: das (Herd-)Feuer.

Diese besondere Spielart des Urelements Feuer brannte seit Urzeiten und brennt auch noch heute oft in einer offenen Kuhle, über der ein Kamin den Rauch in die Luft bläst – und über die Töpfe und Pfannen gestellt werden, um warme Speisen oder Getränke zuzubereiten. Manche Gerichte schmecken nicht, wenn sie kalt sind.

Das wilde Feuer – domestiziert, zu Nutze gemacht, zu unserem Nutzen.

In der Antike verehrten die Menschen sogar eine eigene Göttin des Herdfeuers, eine der 12 olympischen Gottheiten war Hestia im alten Griechenland, Vesta in Rom. Ihr gebührte das erste Opfer, wenn Neugeborene in die Hausgemeinschaft aufgenommen wurden. „Beim Herd" konnte man schwören, und Schutzflehende fanden dort Asyl.

Über dieses eher Private hinaus wurden ewige Feuer in den Städten unterhalten – von den griechischen Stadtstaaten bis hin zu den römischen Vestalinnen. Von dort wurde Feuer geholt, wenn irgendwo anders eine neue Niederlassung gegründet wurde. Ein bisschen wird dabei die lebensspendende Kraft des Feuers deutlich. Platon leitet sogar den Namen der Hestia vom Begriff Hessia, dem Sein an sich, ab. Damit wäre die Herdfeuer-Göttin die Essenz des Seins, die wahre Wirklichkeit.

Ziemlich viel rund um das Feuer gibt es auch im Christentum zu betrachten: Konkrete rituelle Zeichen sind etwa das Ewige Licht am Tabernakel der katholischen Kirchen, das Osterfeuer und die Osterkerze, an der die Taufkerze entzündet wird. Feuerzungen geben an Pfingsten den Jüngern Kraft und Mut. Gott erscheint im brennenden Dornbusch dem Mose und offenbart sich. Und dieser erfährt von diesem Feuer-Wunder ebenfalls neuen Mut und Kraft.

Es sind sicher Ur-Erfahrungen, die Menschen aller Zeiten so sehr an das Feuer bindet, das – wenn es nicht unkontrolliert wütet – dazu da ist, in einer kalten, unwirtlichen Umgebung Leben zu ermöglichen, eine Zuflucht im warmen, behaglichen Miteinander zu geben, am Herdfeuer, am traditionellen Mittelpunkt des Hauses. Für uns als Pilger ist dieses Ankommen dort am Ende eines Tages ein wesentlicher Bestandteil unseres Pilgerns, ohne den es nicht geht, ohne den wir sehr schnell kraft-, aber auch ziellos würden.

Vielleicht ein Anstoß, wieder zuhause angekommen ebenfalls die Türen zu öffnen und Pilger oder andere, die unterwegs sind, an unserem „Herdfeuer" ein vorläufiges Zuhause zu geben.

C ABENDIMPULS

Ich bin gekommen, damit sie das Leben haben, und sie sollen es noch überreichlicher haben!

Sie, das ist sehr unbestimmt, sehr global. Es ist nicht verengt auf die Anhänger, zu denen Jesus da spricht. Es gilt für alle. Es soll allen gut gehen. Allen wird Leben in einem gesteigerten Überfluss zugesagt. Das kann dieses „überreichlicher" aussagen.

Wir haben jetzt am Abend ein Dach über dem Kopf gefunden, etwas zu essen, Wärme, Sicherheit. Das ist überreichlich. Und wir empfinden es vielleicht überreichlicher als daheim, wo so vieles selbstverständlich ist. Ein ganz persönlicher Komparativ.

Leben für alle, das mahnt uns auch an unsere Verantwortung dafür, dass es allen gut geht. Oder besser. Auch das ist ein Komparativ.

Legen wir unsere Gedanken in das folgende kurze Gebet:

Guter Gott, ich vergesse oft, dir zu danken für alles, was mein Leben reich, hell und schön macht. Erinnere mich immer wieder an die Freude darüber, dass ich es überreichlich genießen darf. Schenke mir Kraft und Fantasie, dass ich fähig werde, das Leben auch für meine Mitmenschen nah und fern besser, reichlicher, erfüllter zu gestalten! Gib mir auch an den kommenden Tagen Offenheit und Dankbarkeit und lass mich morgen mit neuem Mut und neuer Kraft erwachen – und in Vorfreude auf einen schönen Pilgertag! Amen.

Bedrängnis

A MORGENIMPULS

Auch diese Erfahrung machen wir beim Pilgern, wenn auch hoffentlich nicht oft. Verschiedene Umstände lassen uns in Bedrängnis geraten:

Wir haben ein Schild übersehen und sind eine Zeitlang in die falsche Richtung gelaufen.

Ein Wettersturz kommt früher als geplant.

Eine Herberge hat überraschend geschlossen, bei der ich mir sicher war, nicht zuvor anrufen zu müssen. Oder es gibt nichts mehr zu essen.

Dann sind wir angefragt: Was machen wir jetzt? Wir müssen reagieren. Umkehren, unsere Pläne über den Haufen werfen, improvisieren. Das ist zunächst unangenehm. In der Rückschau aber werden wir genau davon erzählen und stolz darauf sein, diese Bedrängnis gemeistert zu haben.

Unser Impuls stammt vom Schweizer Pfarrer Josef Müller, der eine große Wahrheit so ausdrückt, dass wir sie gut als Mantra heute mitnehmen können:

Jede Bedrängnis ist nur ein Engpass zu einer Weite.

B UNTERWEGS

Steinschlag, Weglosigkeit, Gewitter – überall lauern Naturgefahren auf uns als Pilger. Das Gehen muss jeder selbst verantworten. Ich muss mich immer, jeden Tag aufs Neue, fragen, ob ich gut ausgerüstet, erfahren und konditionell gewappnet bin, um mich in der Natur behaupten zu können.

Denn diese ist stärker als ich. Ich bin ihr ausgeliefert, wenn ich mich nicht richtig einschätze. Oder wenn ich sie nicht ernst nehme. Beides kann fatale Folgen haben.

Grund genug, um mich zu fragen: Wie viel darf ich mir zutrauen? Kenne ich meine Grenzen? Weiß ich die Natur richtig zu beobachten? Oder gibt mir das Risiko erst den gewissen Kick? Nehme ich es bewusst in Kauf?

Diese Bedrängnisse und Anfrage an uns begleiten uns beim Pilgern. Doch denken wir daran, dass viele Menschen generell bedrängt sind. Bedrängt von Gefahr für Leib und Leben, bedrängt von Krankheit oder Behinderung.

Vielleicht aber besonders frei. Besonders geistig behinderte Menschen tragen oft Potenziale in sich, die auf den ersten Blick verborgen bleiben. Und körperlich Behinderte sind oft geistig freier, gerade wegen ihrer Einschränkungen, die ja die

Kreativität und Fantasie nicht betreffen.

Auch Angehörige von pflegebedürftigen oder irgendwie sonst eingeschränkten Menschen kennen das Gefühl, unfrei zu sein, in einem Hamsterrad zu laufen und doch nichts wirklich voranzubringen. Frust und eine Art Co-Krankenstatus sind die Folge. Freiheit auch nur in Form von ein paar Stunden gestehen sich viele nicht zu.

Gehen wir dem Gedanken nach, wo Bedrängnis auch unsere Biografie geprägt hat - Bedrängnis jetzt verstanden als schwierige Zwangslage, Ausweglosigkeit, Not. Welche Situation verbinde ich damit? Wann bin ich schon einmal in solche Bedrängnis geraten? Habe ich schon einmal jemanden in Bedrängnis gebracht?

Fragen, die nicht leicht sind, wenn ich Bilder damit verbinde. Auf unserem Weiterweg ist Zeit darüber nachzudenken.

C ABENDIMPULS

Jede Bedrängnis ist nur ein Engpass zu einer Weite.

Die Gedanken an Bedrängnisse in meinem Leben haben mich ein Stück des Weges heute begleitet. Und da tut es gut, diesen optimistischen Satz immer wieder in Erinnerung zu halten, dass nach jeder solchen Zwangslage oder Not die Hoffnung auf eine Weite steht, auf die Lösung des Problems, auf ein Happy End.

Vielleicht habe ich aber auch an Ereignisse ohne Happy End gedacht. Dann hilft der Blick auf die Weite des Herzens oder aber die Weite der Zukunft, in der womöglich noch eine Bewältigung des Engpasses liegt.

Nun aber ist es Zeit, auch zu genießen, dass ich selbst ganz aktuell nicht in großer Bedrängnis bin. Wieder bin ich geborgen und geschützt, ich habe einen Schlafplatz und etwas zu essen (bekommen).

Legen wir unsere Gedanken in das folgende kurze Gebet:

Guter Gott, ich danke dir für deinen Schutz am heutigen Pilgertag! Ich bin nicht in Bedrängnis geraten, habe den Weg gefunden und bewältigt. Ich fühle mich geleitet und sicher. Dafür danke ich dir. Sei bei allen, die unter Not, Gefahren und anderer Bedrängnis leiden, die hoffnungslos sind und Angst vor der Zukunft haben. Und wenn ich selbst in eine Notsituation kommen sollte, bitte ich um deine Hilfe und Führung. Wache nun über meinen Schlaf und lass mich morgen mit neuer Kraft und neuem Mut erwachen! Amen.

Brot-zeit

A MORGENIMPULS

Unser Motto ist eines, das wir jeden Tag machen, worauf wir uns vermutlich auch jeden Tag freuen und das uns jeden Tag neue Kraft schenkt – eine mehr oder weniger ausgiebige Brotzeit, so etwa in der Hälfte der Etappe, die wir uns vorgenommen haben.

Dabei wollen wir heute dem ersten Teil des Wortes ein wenig nachspüren, dem Brot.

Vielleicht sind wir mehr als daheim aufmerksam auf dieses Grundnahrungsmittel, das uns hier in vielerlei Form begegnet – ungewohnt ist vor allem das sehr dünne Flatbrød, eher vertraut das Knäckebrot. Aber auch „normales" Brot oder anderes Backwerk finden wir unterwegs vor.

Unser Impuls ist heute eine der Bitten des Vater unser, vielleicht die bei uns normalerweise am beiläufigsten dahingesagte, und daher in einer etwas ungewohnten Übersetzung:

„Gib uns heute unser zum Leben notwendiges Brot!" (Mt 6,11)

B UNTERWEGS

Vielleicht sind wir gerade durch Felder oder an Äckern vorbei gepilgert, auf denen die Vorstufe unseres Brotes wächst.

Auf zunächst unscheinbaren Halmen reift Korn. Es wird geerntet und gesammelt. In einer Mühle folgen dann etliche Reinigungsprozesse und dann wiederum etliche Durchgänge des eigentlichen Mahlens. Und dann werden Wasser, Salz und Hefe dazugegeben und wir können Brot kneten und schließlich backen. Und zuletzt essen.

Ein faszinierender Verwandlungsprozess.

Und ein lebenswichtiges Produkt.

Vermutlich verbinden wir diesen Unterwegs-Impuls mit einer Brotzeit. Und vielleicht können wir ein Stückchen Brot jetzt einmal ganz bewusst und ohne weitere Beigabe eines anderen Lebensmittels kauen und essen.

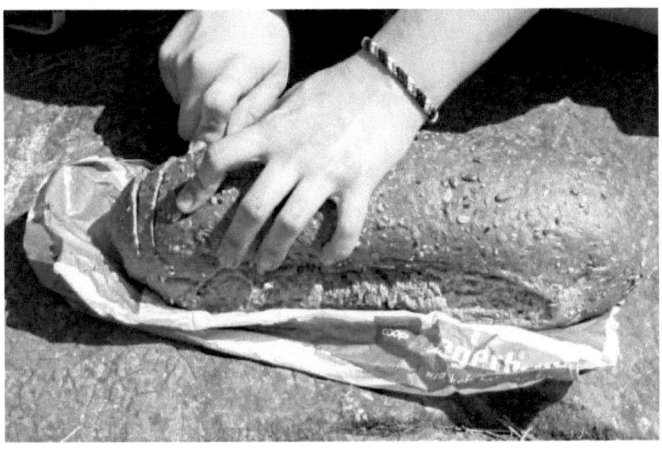

Spüren wir dem Geschmack des Brotes nach. Kauen wir so lange, bis das Brot süßer schmeckt. Ein weiterer faszinierender Vorgang des eigenen Körpers.

Wir wollen einen weiteren Sinn ansprechen und riechen einmal an dem Brot. Welche Assoziationen weckt der Geruch, den ich gerade eben rieche? Welche Bilder steigen in mir auf?

Nun können wir unser Brot auch einmal genauer anschauen und anfühlen. Sehe ich noch Spuren seines Ursprunges, also Körner oder Schrot? Taste ich Schrunden oder Löcher, die bei der Verarbeitung und beim Backen entstanden? Oder habe ich ein maschinell gefertigtes viereckiges Stück in der Hand?

Wie auch immer – es ist unser Grundnahrungsmittel, unser täglich Brot. Wir bekommen von ihm Kraft und Energie. Und mehr als das.

Brot ist auch immer ein Symbol für das Essen schlechthin.

Beim Brot-Teilen wird Gemeinschaft ganz besonders erlebbar – diese Wahrheit ist nicht nur in der gottesdienstlichen Erinnerung an das Letzte Abendmahl zu spüren, sondern auch ganz konkret gerade hier beim Pilgern. Wenn wir andere treffen, ist ein gemeinsames Mahl meist nicht weit.

Brot des Lebens – als solches stellt sich Jesus im ersten seiner „Ich-bin-Worte" den Jüngern vor. Ein himmlisches Brot. Das, was wir zum (ewigen) Leben brauchen. Oder anders formuliert: Wir brauchen Jesus wie das tägliche Brot.

Nehmen wir auch diesen Bezug mit auf unseren weiteren Weg.

C ABENDIMPULS

„Gib uns heute unser zum Leben notwendiges Brot!" (Mt 6,11)

Ganz bewusst haben wir uns heute mit diesem unseren alt-hergebrachten Grundnahrungsmittel befasst, sind mit ihm um-gegangen.

Bei uns ist normalerweise daheim eher Thema, womit wir unser Brot belegen oder in welcher Form wir es kaufen – ob weißes Brot oder Vollkorn. Als Abend- oder Pausenbrot.

Doch diese Selbstverständlichkeit ist nicht überall gegeben. Nicht einmal in den eigentlich reichen Ländern können alle Menschen sich täglich Brot leisten. Denken wir an alle diejenigen Menschen, für die diese Vater-unser-Bitte auch heute noch einen existentiellen Charakter hat.

Legen wir unsere Gedanken in das folgende kurze Gebet:

Guter Gott, ich danke dir für das tägliche Brot. Ich weiß, dass es nicht selbstverständlich ist, dass ich es habe, und ich sehe, dass viele Menschen auf der Welt unter Hunger und Not leiden. Lass mich dieses Gespür nicht verlieren und mich sorgsam mit den Lebensmitteln und allen Gaben der Natur umgehen. Halte dieses Bewusstsein in mir wach und schütze nun meinen Schlaf, damit ich morgen mit neuer Kraft erwache! Amen.

Brücke

A MORGENIMPULS

In manchem Bachtal, in das es hinunter und auf der anderen Seite wieder hinauf geht, ertappen wir uns dabei, eine Brücke zu ersehnen, die von einem Ufer ans andere geht und uns manche Unbequemlichkeit ersparen würde.

Manche Bachüberquerung wurde von aufmerksamen Vor-Pilgern mit notdürftigen Holzstämmen erleichtert – schon dafür sind wir dankbar, wenn wir solche Behelfsbrücken antreffen.

Richtige Brücken, etwa aus Stein, sind eher selten.

Wie auch immer – diese Bauwerke sind eine nähere Betrachtung auch deshalb wert, weil wir in ihnen ja nicht nur eine angenehme Art sehen, wie wir über einen Bach oder Fluss kommt. Einer Brücke wohnt immer auch eine symbolische Bedeutung inne. Sie verbindet. Überspannt Gräben.

Darauf zielt der Impuls ab, der heute vom englischen Historiker Thomas Fuller stammt:

Wer anderen nicht verzeihen kann, zerstört die Brücke, über die er selbst gehen muss.

B UNTERWEGS

Schon immer haben Brücken fasziniert. Schon aus prähistorischen Zeiten sind Holzbrücken archäologisch belegt, in der Schweiz, Deutschland und England kennen wir Reste davon.

Die Babylonier und später die Römer beherrschten das Bauen steinerner Bogenbrücken, und manche davon sind heute noch in Gebrauch und nutzbar.

Wenn wir an das alte Rom denken, ist auch die Assoziation mit dem Amt des „Pontifex Maximus", des „Obersten Brückenbauers" nicht weit. Ursprünglich ein Amt, in dem religiöse und weltliche Aufgaben (wie die Instandhaltung der Tiberbrücken) verbunden waren, ist es seit etwa 600 n. Chr. einer der Titel des Papstes.

Dass nicht jeder, der diesen Titel trug, dieser Funktion nachkam, also im übertragenen Sinn Brücken zwischen Menschen zu bauen, ist bekannt. Dass im Namen der Religion und der Kirche etliche Gräben aufgerissen, Kriege geführt und missliebige Personen getötet wurden, ist die schlimme Kehrseite der Glaubensgeschichte des Christentums. Und auch heute sind Skandale immer wieder Gesprächsstoff.

Wo und wie soll da jemand Brücken bauen?

Heute verstehen wir den Auftrag vielleicht besser denn je. Wir wissen um die eigentlich unglaublichen Fehler und Schandtaten und können, ja, müssen mit Demut auf andere zugehen.

So können Brücken entstehen, mit und auf denen Versöhnung möglich wird. Mit denen, die unter altem Unrecht leiden. Mit denen, die auf der Schattenseite des Lebens stehen und sonst übersehen werden. Mit denen, die einen anderen Glauben oder eine andere Überzeugung haben. Mit allen Menschen.

Miteinander auf der gebauten Brücke stehen und dann mal auf die eine, dann auf die andere Seite spazieren, das wäre das Ziel.

Nur: wie ist das konkret zu erreichen? Und was kann ich dazu beitragen? Ist das nicht eine Spur zu groß gedacht?

So etwa wie auf einer Brücke zu stehen, von oben in die Tiefe zu blicken, das macht leicht benommen. Das sind wir nicht gewohnt, es kann (Höhen-)Angst auslösen.

Doch wir dürfen vertrauen, dass die Brücke uns trägt wie schon Generationen vor uns. Und wir dürfen vertrauen, dass Gott uns trägt wie schon Generationen vor uns.

Wir können ja auch einfach im Kleinen anfangen, Brücken zu bauen.

Denken wir auf dem folgenden Wegstück an solche konkreten Schritte auf den oder die andere/n zu!

C ABENDIMPULS

Wer anderen nicht verzeihen kann, zerstört die Brücke, über die er selbst gehen muss.

Habe ich Schritte auf jemanden zu überlegt? Was hält mich davon ab, diese zu realisieren? Ich kann jetzt gleich, heute noch, einen Brief, eine SMS, eine andere Nachricht abschicken. Als meinen ersten Schritt zum Brückenbau.

Natürlich kommt der Gedanke dabei unweigerlich auf, warum ich denn diesen Schritt machen soll und nicht der/die andere. Aber dies fragt sich vermutlich auch genau diese/r auch. Nur wenn keiner anfängt, kann die Brücke nie gebaut werden. Gebe ich damit nach – oder gar eine Schuld meinerseits zu?

Legen wir unsere Gedanken in das folgende kurze Gebet:

Guter Gott, die Brücken auf unserem Weg mahnen uns, Schritte zu suchen auf unseren ganz eigenen Wegen der Versöhnung. Doch Kompromisslosigkeit oder Stolz hindern mich oft daran, die Hand zum anderen auszustrecken. Und wenn nach mir die Hand zur Versöhnung ausgestreckt wird, dann weise ich sie auch mal aus Überheblichkeit zurück. Hilf mir dabei, hier anders zu handeln und gib mir Mut und das richtige Gespür, den Frieden zu suchen! Lass mich morgen mit neuem Mut erwachen – und in Vorfreude auf einen schönen Pilgertag! Amen.

Einsamkeit

A MORGENIMPULS

Unser Motto ist heute eine Erfahrung, die man besonders an abgelegenen Teilstücken des Olavsweges machen kann – und auch dann, wenn man eigentlich als Paar oder größere Gruppe pilgert. Es gibt Passagen, wo man sich ganz allein auf der Welt vorkommt.

Das kann Unbehagen hervorrufen, vielleicht auch angstvolle Momente, etwa, wenn es hinter mir knackt oder ich andere Laute höre, die ich gerade nicht einordnen kann, wenn es schon anfängt dunkler zu werden.

Ich bin dann zurückgeworfen auf mich und mein Gottvertrauen. Von diesem spricht Psalm 23 vielleicht am deutlichsten aller Psalmen und Texte aus der Heiligen Schrift.

Nehmen wir uns einen Vers als Impuls auf unsere Etappe der Einsamkeit:

Dein   Stock   und   dein   Stab   geben   mir   Zuversicht.

B UNTERWEGS

Wir haben den Trubel der Zivilisation hinter uns gelassen. Es ist ruhig um uns, still, fast einsam. Höchstens das Wasser einer Quelle oder eines Baches tropft oder rieselt. Einsam. Insekten und Waldtiere sind unsere einzigen sichtbaren Gefährten. Weit und breit kein Haus zu sehen, nichts als endlos scheinende Landschaft. Nur der Weg, der sich in der Ferne oder in einer Kurve verliert. Lassen wir diese Ruhe, Stille und Reizarmut auf uns wirken.

Einsamkeit.

Was nehmen wir wahr?

Welche Geräusche sind plötzlich da, obwohl sie uns vermutlich schon den ganzen Tag begleitet haben?

Welche anderen Sinne werden noch wach, wenn ich mich auf sie konzentriere?

Wie duftet der Wald?

Wie spüre ich einen Sonnenstrahl auf der Haut, der durch die Bäume bricht?

Schmeckt das Wasser jetzt anders, wenn ich es jetzt, hier aus meiner Flasche trinke?

Sehe ich neue, zuvor unscheinbare Dinge, Tiere, Pflanzen nun genauer an?

Atmen wir ganz tief ein und halten den Moment der geschärften Sinne damit fest. Lassen wir die Ruhe weiter auf uns wirken, aber begeben wir uns gedanklich auch in ihr weniger positiv besetztes „Anhängsel", die Einsamkeit.

Welche Assoziationen verbinde ich damit? Kenne ich Einsamkeit überhaupt?

Es gibt immer wieder Meldungen, die uns aufhorchen lassen. Da fühlt sich eine junge Frau so einsam, dass sie ihr neugeborenes Kind entsorgen will. Da werden Jugendliche zu Süchtigen, weil sie einsam sind, obwohl es ihnen scheinbar an nichts fehlt. Oder da stirbt jemand in der Mietwohnung, und erst ein knappes Jahr später fällt es jemandem auf.

Gewaltige Einsamkeit.
Dagegen ist meine heutige, zeitlich begrenzte und auch selbst gewählte Einsamkeit nichts. Machen wir uns auch das bewusst und gehen wir voller Zuversicht weiter.

Und überlegen wir beim Weitergehen, ob wir jemanden kennen, der einsam ist und sich vielleicht gerade heute über einen Anruf, eine Mail, SMS, Message freuen würde. Oder über eine Postkarte aus Trondheim.

C ABENDIMPULS

Dein Stock und dein Stab geben mir Zuversicht

Vielleicht kann man die Wahrheit dieses Satzes beim Wandern, beim Pilgern besonders gut spüren. Der Stock oder Stab gibt Sicherheit – als „drittes Bein", zum Bahnen des Weges, falls es mal durchs Dickicht geht, oder auch zum Abwehren aufdringlicher Tiere.

Nun geht es in dem Psalm aber nicht um meinen eigenen Stock – der Beter spricht Gott an: Dein Stock und dein Stab! Also Sicherheit dadurch, dass Gott uns begleitet, uns führt, uns schützt. Er sorgt für uns wie der Hirte für seine Herde – denn so beginnt der Psalm: Der Herr ist mein Hirte.

Zur Zeit des Psalmisten war den Menschen viel vertrauter, was mit dem Bild gemeint war: Mit dem Hirtenstab „angelte" ein Hirte ein einzelnes Schaf aus der Herde, etwa wenn es verletzt war. Der Hirte achtet von selber darauf, er sieht seine

Tiere genau an und wird in der Not tätig, das Schaf muss nicht erst zum Bittsteller werden und sich irgendwo anstellen.

Auf diese tiefere Wahrheit vertrauen zu können, gibt Zuversicht.

Guter Gott, ich habe heute am eigenen Leib gespürt, dass Ruhe gut tut, dass Einsamkeit aber ein Gefühl ist, das Angst machen kann. Ich bin froh, abends jetzt nicht allein zu sein. Stärke meine Sensibilität für die anderen, um Einsamkeit zu durchbrechen, gib mir Fingerspitzengefühl dafür, besonders für unsere Mitmenschen, die am Rande der Gesellschaft stehen. Lass auch sie Gemeinschaft erfahren, durch ihre Nachbarn, durch die Kirche, durch uns. Lass mich morgen mit neuem Mut erwachen – und in Vorfreude auf einen schönen Pilgertag! Amen.

Fluss

A MORGENIMPULS

Wir pilgern auf dem Olavsweg fast immer mit Blick auf einen Fluss, zuerst ist es der Lågen im Gudbrandsdalen, dann auf dem Dovrefjell die Folda und Vinstra, die in die Svåne mündet, und schließlich die Orkla.

Das Wort Fluss, eines der wenigen, das ein Naturelement von seiner Bewegung her definiert, steht dabei für eine gewisse Mitte. Die zwischen kleinem Bach und großem Strom.

Darüber hinaus hat das fließende Wasser viel mit dem Pilgern zu tun – irgendwie ist ja auch bei uns alles im Fluss. So lohnt es sich, einmal einen Tag lang bewusst über das Immer-Weiter nachzudenken, das uns mit diesem natürlichen Gewässer verbindet.

Vielleicht war es eine solche Beobachtung, die Johann Wolfgang von Goethe zu seinem Gedicht „Eins und Alles" inspiriert hat, das in einer Zeile oder einem Reim unser heutiges Mantra sein kann:

Es soll sich regen, schaffend handeln,
erst sich gestalten, dann verwandeln.
Nur scheinbar steht's Momente still.
Das Ewige regt sich fort in allen.
Denn alles muss in Nichts zerfallen,
wenn es im Sein beharren will.

B UNTERWEGS

Idealerweise haben wir eine Stelle gefunden, an der wir nah an einem Fluss oder Bachlauf stehen oder sitzen.

Bewusst hören wir hin und schauen wir an.

Denn das dahinströmende Wasser der Flüsse und Bäche kann man lange Zeit beobachten, ohne dass es langweilig wird. Die unterschiedliche Geschwindigkeit an verschiedenen Stellen, die glatte oder gekräuselte Oberfläche, das geschmeidige Strömen oder aufgeregtes Rauschen lassen uns zur Ruhe kommen und nachdenken.

Wir sehen, wie hier eine Bewegung da ist trotz aller Stetigkeit. Es ist vergänglich, es ist ja immer neues Wasser und sieht doch immer ähnlich aus. Es ist im Wandel und doch konstant.

Der alte weise Sinnspruch, der dem Philosophen Heraklit zugeschrieben wird, kommt uns in den Sinn: „Panta rhei" – „alles ist im Fluss".

Der Fluss, das Fließen, als Sinnbild dafür, dass alles auf der Welt existiert, weil es geworden ist – und immer noch wird. Ein ewiger Wandel , eine Dynamik, die auch das Vergehen mit einschließt.

Diese Motive kennen wir als Pilger sehr gut. Wie beim Wasser, so ist auch bei uns alles im Fluss. Wir befinden uns auf einem Weg, jeden Tag bewegen wir uns weiter, kommen voran, werden. Wenn das Wasser nicht in Bewegung ist, wird es leicht trüb und kann anfangen, übel zu riechen.

Selten kommt uns dieses Werden in unserem Leben so ins Bewusstsein wie auf einem so langen Weg. Auch wenn wir ja immer noch die gleichen Menschen sind wie beim Anfang in Oslo, sind wir doch auch geworden. Wir haben Erfahrungen gemacht, vielleicht haben wir auch eine Wandlung in uns gespürt. Wir erleben jeden Tag Abschied und Ankunft, Vergehen und Werden.

Diese Dynamik wird uns nach dem Ende unserer Pilgerreise fehlen, zumindest körperlich. Wichtig wäre, sie wenigstens geistig mitzunehmen in unseren Alltag. Und sie zu spüren, wenn wir einmal wieder in unserem Trott gefangen sind und das ewig Gleiche uns zermürbt.

Alles ist im Fluss. Wir auch.

Und wenn der Fluss hier nicht zu groß und das Ufer nicht zu gefährlich ist, trauen wir uns ruhig mit einem Finger das vorbeifließende Wasser zu berühren und ihm eine gute Reise zu wünschen.

Auf jeden Fall aber können wir aus der Flasche einen genussvollen Schluck Wasser zum Abschied nehmen, bevor es weitergeht auf dem Pilgerweg.

C ABENDIMPULS

Es soll sich regen, schaffend handeln,
erst sich gestalten, dann verwandeln.
Nur scheinbar steht´s Momente still.
Das Ewige regt sich fort in allen.
Denn alles muss in Nichts zerfallen,
wenn es im Sein beharren will.

Welche Zeile oder welchen Reim auch immer uns heute als Impuls begleitet hat – er hat uns vermutlich an-getrieben. Nicht im Sinne von Stress oder Aktivismus, sondern im Sinne eines bewussten „Weiter". Und nicht eines „Weiter so".

Das Fordern, sich stetig zu verwandeln könnte missverstanden werden, sich selbst jeden Tag neu zu erfinden. Ein solches Getrieben-Sein kennen wir sicher von uns in bestimmten Situationen, aber auch von anderen Menschen, die offenbar immer in einem solchen Modus leben.

Das ist nicht gemeint. Sondern die Bereitschaft, mit offenen Augen auf unsere Welt zu sehen und sie mitzugestalten. Nicht tatenlos und emotionslos zusehen, wie etwas „den Bach runtergeht".

Legen wir unsere Gedanken in das folgende kurze Gebet:

Guter Gott, wir sind in Bewegung. Heute auf dem Pilgerweg und auch sonst. Auch um uns herum ist vieles im Fluss, und manchmal haben wir den Eindruck, dass die Wogen über uns zusammenschlagen. Schenke uns Freunde, die zum richtigen Zeitpunkt uns einen Rettungsring zu werfen. Gib uns die Zuversicht, dass wir durch alle Wechselfälle des Lebens von dir getragen werden und schenke uns Offenheit für Neues, für Kreativität, für Verwandlung. Lass mich gut schlafen und morgen mit neuem Mut erwachen – und in Vorfreude auf einen schönen Pilgertag! Amen.

Frieden

A MORGENIMPULS

Die meisten von uns kennen es gar nicht anders als in Frieden zu leben. Krieg und andere Auseinandersetzungen, die unser Leben kosten und unsere Heimat zerstören können, sehen wir betroffen in den Nachrichten und sind froh, dass wir weit weg davon leben. Dass wir das Glück hatten, da geboren zu sein, wo Frieden herrscht. So ist der Frieden weitgehend kein gesellschaftliches Thema (mehr) bei uns zuhause und nur – scheinbar weit weg – in Nachrichten präsent, wenn es um Auslandseinsätze der Bundeswehr und Krisenherde anderswo geht.

Das war hier im uns so friedlich erscheinenden Gudbrandsdalen im 2. Weltkrieg ganz anders. Fern von den großen Schauplätzen dieser Katastrophe. Aber ganz nah an den Menschen damals, die bis heute die Erinnerung daran bewahren. Im Museum in Kvam oder an einigen Kriegergedächtnisorten auf Friedhöfen und anderswo.

Das Motto des großen Schweizer Friedensbringers und Heiligen Klaus von der Flüe soll uns heute begleiten:

Fried ist allweg in Gott, denn Gott ist der Fried.

B UNTERWEGS

Die Grabkreuze oder andere Gedenkstätten für Gefallene des Weltkrieges sind etwas Besonderes hier tief im norwegischen Binnenland.

Welche Gefühle habe ich bei solchen Gedenkstätten für Gefallene? Denke ich an die oft jungen Männer? Oder an Soldaten, die schuldig wurden am Tod anderer und dann eben selbst auch zu Tode kamen? An Berufsrisiko? Vielleicht sogar an Gerechtigkeit?

Kommt in mir das Gefühl der Sinnlosigkeit eines Krieges hoch, der tausendfaches Leiden, Schmerzen bei Verwundeten, Sterbenden, aber auch bei den Hinterbliebenen auslöste? Kann ich Trauer empfinden? Um wen?

Vielleicht auch um mich selbst, wenn ich mich dabei ertappe, nicht konsequent genug gegen Kriege auf der Welt aufzustehen? Wenn ich mich ertappe, den kleinen Frieden um mich herum nicht zu achten oder sogar manchmal zu zerstören? Wenn ich mich ertappe, auch mit mir selbst nicht immer im Frieden zu leben? Aber was ist Frieden schon?

Die biblische Vision des Jesaja kennen wir vermutlich:

Und an den jüngsten Tagen wird es so sein: Der Berg des Hauses des Herrn ist auf dem Gipfel der Berge vorbereitet, und er wird über alle Hügel herausgehoben; und zu ihm werden alle Volksstämme hinströmen, und viele Völker werden gehen und sagen: Kommt, lasst uns auch aufsteigen zum Berg des Herrn und zum Haus des Gottes Jakobs; und er wird uns seine Wege lehren, und wir werden in seinen Pfaden herumgehen, weil von Sion herab das Gesetz ausgehen wird, und das Wort des Herrn von Jerusalem. Und er wird die Volksstämme beurteilen, und er wird viele Völker zur Rechenschaft ziehen; und sie werden ihre Schwerter zu Pflügen umschmieden und ihre Lanzen zu Sicheln. Nicht ein Volksstamm wird gegen einen Volksstamm das Schwert erheben, und für den Krieg wird weiterhin nicht trainiert werden. (Jes 2,2ff)

Es ist wie oft in den biblischen Schriften ein Berg, der besonders mit Gott in Verbindung gebracht wird. Auf dem Gipfel aller Gipfel steht das Haus des Herrn, der dort die Menschheit empfängt und unterweist, auch zurechtweist. Und daraufhin, vermutlich als Folge dessen, wird eine paradiesische Ära verkündet, in der Kriegsgerät zu bäuerlichen Werkzeugen umgewandelt wird.

All dies können wir uns hier in der gebirgigen und bäuerlichen Landschaft gut vorstellen, vielleicht auch besser als zuhause oder in einer Kirche.

Die Präsenz Gottes ist hier ebenso spürbar wie in den großen Domen und Basiliken der Kirche. Worauf es ankommt, ist die Konsequenz dieser Anwesenheit: Frieden.

C ABENDIMPULS

Fried ist allweg in Gott, denn Gott ist der Fried.

Das Zitat klingt einfach, ist es aber nicht. Was ist gemeint?

Es geht um Gott, der in seiner Dreifaltigkeit eins ist. Daher ist für Bruder Klaus Gott in sich schon Friede. Die Liebe und der Friede Gottes schließlich soll sich auf seine Söhne und Töchter übertragen, die dann ihrerseits auch Frieden halten und schenken sollen.

Und damit in Frieden leben, in seinem Frieden.

Legen wir unsere Gedanken in das folgende kurze Gebet:

Guter Gott, betroffen habe ich heute Spuren von Krieg und sinnlosem Tod gesehen. Der Friede scheint hier so nah und mit Händen zu greifen. Doch auch ich suche oft nicht nach Wegen der Versöhnung, nach einem Leben in Frieden. Kompromisslosigkeit, Stolz, Eigensinn, Rechthaberei und Wut verhindern das Ausstrecken der Hand zum anderen hin. Zeige mir das richtige Gespür, den Frieden zu suchen und für den Frieden einzutreten! Lass mich friedlich schlafen und morgen mit neuem Mut erwachen – und in Vorfreude auf einen schönen Pilgertag! Amen.

Gipfel

A MORGENIMPULS

Unser Motto scheint auf den ersten Blick nicht zum Olavsweg zu passen, da wir ja gar keinen Gipfel überqueren. Dennoch – sie sind in unserem Blickfeld, die großen Schneegipfel von Jotunheimen oder dann recht lange auch die imposante Silhouette der Snøhetta auf dem Dovrefjell.

Und vielleicht reizt auch den einen oder anderen Pilger ein Abstecher auf einen Gipfel, an dem wir knapp unterhalb vorbeilaufen.

Gipfel ist auch wieder ein Wort, das wir auch im übertragenen Sinn benutzen. Sogar entrüstet, wenn wir „das ist ja der Gipfel!" sagen. Der „Gipfel der Genüsse" ist ein Begriff aus der Werbung. Politiker kommen zu Gipfeltreffen zusammen, und zwar selten auf Bergeshöhen.

Gemeinsam ist all dem, dass eine Art von Höhe gemeint ist. Etwas, von dem man herunterblicken kann. Nachdenklich macht da vielleicht der Impuls des Philosophen Seneca, der an seinen Freund Lucilius schreibt:

Was du für den Gipfel hältst, ist nur eine Stufe.

B UNTERWEGS

Wenn wir auf einem hohen oder dem höchsten Punkt angekommen sind, mit oder ohne Mühe, dann breitet sich neben dem Panoramablick für die Augen auch Freude und Genugtuung im Inneren aus.

Wir haben etwa geschafft, bewältigt.

Wie oft erleben wir eine solche Zufriedenheit, etwas aus eigener Kraft geschafft zu haben, in unserem Alltag?

Wahrscheinlich fallen uns viele Situationen aus unserer Jugend ein, wenn wieder etwas „geschafft" war, ein Zwischenziel, etwa ein Schuljahr, oder dann der Abschluss, dann die berufliche Qualifikation. Dann vielleicht Partnersuche, Familiengründung, berufliche Erfolge. Auf dem Gipfel. Alles erreicht.

In Koh 11,9 heißt es: *Freu dich, Jugendlicher, in deinem Heranwachsen, und dein Herz möge in den Tagen deiner Jugend im Guten sein; und geh auf den Wegen deines Herzens und in der Betrachtung deiner Augen!*

Als junger Mensch ist man auf der Höhe seiner Kraft, seiner Leistungsfähigkeit und seines Wissens. Das ist so, und selbst ohne großen persönlichen Einsatz erreicht hier jeder Mensch seinen Zenit der körperlichen Fähigkeiten.

Wenn wir älter werden, muss das aber nicht heißen, dass keine Gipfel oder andere Höhepunkte mehr „drin" sind. Vielleicht braucht man länger, vielleicht erlebt man aber auch intensiver.

Wir wandern mit diesen Gedanken weiter *auf den Wegen des Herzens und in der Betrachtung der Augen*, egal, welcher Altersklasse wir uns zugehörig fühlen. Nehmen wir uns dabei die Zeit, zurückzuschauen auf die Jahre unserer Stärke, unserer Jugend. Oder auch vorauszuschauen auf die Jahre, die noch kommen. Welche Gipfelziele ich mir für sie stecke. Und nehmen wir dabei auch in den Blick, ob unser Herz jetzt oder früher *im Guten* ist oder war.

Was hat mich damals bewegt? Was bewegt mich jetzt? Was wird mich in der Zukunft bewegen? Hatte ich früher andere Prioritäten als jetzt? Wie bewerte ich diese in der Rückschau? Als falsche, fehlorientierte? Oder als bessere, idealistischere? Wodurch habe ich mich verändert? Verändere ich mich weiter? Was ist gleich geblieben und wird gleich bleiben?

C ABENDIMPULS

Was du für den Gipfel hältst, ist nur eine Stufe.

Es schwingt viel Erfahrung mit in diesem Satz. Der alte, weise Philosoph belehrt seinen Schüler und Freund, dass es immer weiter geht. Dass auch das stolzeste Ziel bald wieder Geschichte ist. Dass der nächste Gipfel wieder neu erkämpft werden will.

Diese Erfahrung machen wir als Pilger nahezu täglich. Das Auf und Ab des Weges ist mental nicht immer leicht zu ertragen.

Dieser Spruch bringt aber auch zum Ausdruck, dass wir unsere Ziele vielleicht auch zu eng definieren. Was ist eigentliche, das oberste Ziel?

Wenn wir uns darüber klar werden, können wir den Weg bestimmen, der dann über viele Stufen zum echten Ziel führt. Zu Gott.

Legen wir unsere Gedanken in das folgende kurze Gebet:

Guter Gott, ich stehe manchmal auf einem Gipfel, wirklich und im übertragenen Sinne. Für diese Momente möchte ich dir heute danken. Ich möchte dir aber auch all die Wege und Stufen meines Lebens anvertrauen, alles, was mein Leben schön, aber auch anstrengend gemacht hat und macht. Ich bin mir auch sicher, dass noch einige Gipfel vor mir liegen. Lass mich nicht mutlos werden vor neuen Steigungen und morgen mit neuem Mut und neuer Kraft aufstehen – und in Vorfreude auf einen schönen Pilgertag! Amen.

Grab

A MORGENIMPULS

Oft kommen wir auf unserem Weg durch Norwegen an Grabfeldern vorbei.

Auch wenn sie uns mit ihrer hügeligen Struktur und der teils parkartigen, teils aber auch recht wilden Gestaltung nicht unbedingt sofort an vertraute Friedhöfe erinnern, sind es doch auch Orte des Innehaltens und des Nachdenkens über unsere Vergänglichkeit und auch über die Zeit weit vor uns.

Wir müssen gedanklich ja in die Zeit der Wikinger zurückreisen, um uns vorzustellen, dass hier Menschen zu Grabe getragen wurden. Ihre Vorstellungen vom Leben nach dem Tod waren andere als unsere.

Dennoch passt der christliche und wunderbar rhythmische Impuls Clemens Brentanos – man kann ihn ja auch rein biologisch interpretieren:

Gebet der Erde, was sie gegeben! Es blühet das Leben über dem Grab.

B UNTERWEGS

Es waren meist Brandbestattungen, archäologisch gefunden werden Knochenreste von Menschen sowie Reste verschiedener Grabbeigaben wie Tierknochen von Hunden, Pferden, Schweinen oder Falken, außerdem Schilde, Trinkhörner, Schwerter, goldene Broschen, Spielbretter oder Wetzsteine.

Die Toten der Wikinger sollten mit alldem eine gute Reise ins Jenseits antreten. Die Skandinavier glaubten, dass sie nach ihrem Tod mit einem Schiff in die jenseitige Welt übersetzen. Die Walküren, die Totengeister, führen die meist im Kampf Gefallenen zu Odin nach Walhall. Jeden Tag kämpfen sie zum Vergnügen miteinander. Am Abend sitzen alle Männer zusammen, trinken Met und essen Fleisch. Die Frauen, geschmückt mit Fibeln und Perlenketten, erhalten ein standesgemäßes Äußeres über den Tod hinaus.

Die Datierung der Grabhügel schwankt meist zwischen dem Beginn unserer Zeitrechnung und der Christianisierung durch König Olav. Damals wandelten sich schließlich auch die Bestattungsform und der Brauch, den Toten etwas mitzugeben.

Gehen wir zunächst offenen Auges durch das Grabfeld und suchen uns einen Ort, der uns anspricht. Fragen wir uns, warum gerade er uns anspricht.

Ist er gerade in der warmen Sonne/im kühlen Schatten?

Habe ich einen schönen Blick oder sind meine Augen an etwas anderem hängen geblieben?

Wie sah es hier wohl aus, als der Grabhügel errichtet wurde? Was denke ich über dieses Grab? Wie stelle ich mir den- oder diejenige/n vor, der/die hier liegt?

Wie stelle ich mir mein eigenes Grab vor? Was sollte es über mich aussagen, durch Stein, Bepflanzung, Inschrift?

Wird mir unbehaglich bei diesem Gedanken? Warum?

Nehmen wir uns mit diesen Überlegungen nun etwa fünf Minuten Zeit, in denen wir einfach da stehen und ihnen nachhängen. Versuchen wir, mit den Gedanken bei uns selbst zu bleiben, nicht zu lieben Verstorbenen abzuschweifen, obwohl das verständlich wäre. Geben wir diesmal uns die Zeit.

Wenn wir nun nach diesen Minuten wieder in die Gegenwart zurückkehren, könnte es gut sein, dass wir nun alles etwas intensiver wahrnehmen – die Farben, Gerüche, Geräusche. Wir waren kurz gedanklich im Bereich des Todes. Doch wir leben!

C ABENDIMPULS

Gebet der Erde, was sie gegeben! Es blühet das Leben über dem Grab.

Vermutlich ist uns der erste Teil des Mantras schwer gefallen, und vielleicht haben wir es auch nur in seiner zweiten Hälfte betrachtet.

Schließlich ist diese Aufforderung schwer, besonders, wenn ein Todesfall einer/s nahen Verwandten oder einer lieben Freundin bzw. eines lieben Freundes noch nicht allzu lang zurück liegt und uns noch beschäftigt. Gern haben wir ihn oder sie sicher nicht der Erde gegeben.

Dennoch ist die Logik zwingend. Das Leben muss endlich sein. Wir sind Staub und kehren zum Staub zurück, wie uns jeden Aschermittwoch bewusst gemacht wird. Es ist gut, dass es ein Ende gibt. Und ein Ziel.

Dieses kommt in der 2. Hälfte zum Ausdruck. Leben blüht über dem Grab. Biologisch auf unseren Grabfeldern und auch auf den Friedhöfen, aber auch sonst. Uns Christen blüht das ewige Leben. Nach dem Grab, über das Grab hinaus. Und ganz ohne Grabbeigaben.

Legen wir unsere Gedanken in das folgende kurze Gebet:

Guter Gott, die Gedanken an Tod und Vergänglichkeit fallen nicht leicht und bringen uns oft zu Schwermut und Trauer. Wir leben gerne und wollen auch, dass unsere Lieben immer bei uns sind. Doch manche von ihnen haben uns schon verlassen und sind bei dir. Ich danke dir für ihre Begleitung in meinem Leben. Vergelte du nun ihnen, was sie an mir Gutes getan haben. Lass mich morgen mit neuem Mut und neuer Kraft erwachen – und in Vorfreude auf einen weiteren schönen Pilgertag! Amen.

Grenze

A MORGENIMPULS

Beim Pilgern kommt man gelegentlich an Grenzen. An seine eigenen – die körperlichen, die mentalen, die seelischen. Und auch an ganz greifbare. Am Olavsweg zwar nicht an Landesgrenzen, aber an Gebiets-, Gemeinde-, Nationalparks- und Grundstücksgrenzen.

Da gibt es dann Schlagbäume, Hinweistafeln oder auch die allgegenwärtigen Zauntreppen – und es wird sofort deutlich, dass ich hier eine Grenze überschreite.

Bei meinen Grenzen ist das oft nicht so gut zu sehen. Da laufe ich Gefahr, Grenzen zu überschreiten, die Grenzen des anderen, dem ich etwas aufdrücke oder zuspreche, was ihm nicht gerecht wird, aber auch meine eigenen, indem ich sie einfach verdränge und nicht wahrhaben will. In der Erziehung setzen die Eltern ihren Kindern auch Grenzen. Und das ist gut so. Sie haben auch Schutzcharakter.

Vom islamischen Gelehrten Nizami, der im Mittelalter im heutigen Aserbeidschan lebte – also etliche Grenzen von uns entfernt – stammt unser heutiges Mantra:

Wer die Grenzen erkennt und in ihnen sein Glück, der kann es auch halten sein Leben lang.

B UNTERWEGS

Grenzen und damit Grenzsteine trennen eigentlich.

Machen wir uns bewusst, dass es bei uns noch nicht so lange her ist, dass mitten durch Deutschland eine fast unbezwingbare Grenze verlief, die etliche Todesopfer forderte, dass auch in Europa um Gebietsgrenzen gekämpft wurde. Dass es anderswo täglich geschieht.

Machen wir uns bewusst, welches Glück der Geschichte wir genießen, physikalische Grenzen als unbedeutend zu empfinden. Dass ihr Erreichen für andere, für Flüchtende, aber sehr viel bedeutet.

Machen wir uns bewusst, dass Mauerbau schlecht und nur offene Grenzen gut sind, nur Grenzen, die man nicht mal bemerkt. Alles andere schottet ab, zeugt von Angst und Unsicherheit. Und Abwehr provoziert Gegenwehr. Zurückdrängen provoziert Vordrängen. Grenzen provozieren Konflikte.

Meine eigenen auch. Mit mir selbst. Schließlich ist der Gedanke grenzenloser Leistungsfähigkeit verlockend und verspricht unbegrenzte Möglichkeiten. Die Grenzen zeigen sich aber beim Pilgern unweigerlich irgendwann. Auch die Grenzen von Planbarkeit und Wetterprognosen. Und auch Grenzen der Seele – etwa bei Überforderung.

Von einer Grenze des Denkens erzählt die Geschichte vom hl. Augustinus. Sie verdeutlicht, dass auch der Verstand an seine Grenzen stößt – schließlich ist die christliche Glaubenswahrheit der göttlichen Dreifaltigkeit auch für Theologen ein schwer zu fassendes Phänomen.

Als der große Kirchenlehrer an seinem Werk über die Dreifaltigkeit arbeitete, ging er am Strand spazieren, um besser nachdenken zu können. Da fiel ihm ein kleines Kind auf, das in den Sand ein Loch gegraben hatte und pausenlos versuchte, mit einer Muschel Wasser aus dem Meer in dieses Loch zu tragen. Natürlich versickerte dieses gleich wieder, und das

Kind lief erneut los, unentwegt und auch nach längerer Zeit ohne Erfolg. Der Gelehrte sprach es an und fragte, was das denn werden solle. „Ich schöpfe das Meer in dieses Loch", war die Antwort des Kindes. Mitleidig schüttelte Augustinus den Kopf: „Das geht nicht. Du kannst nicht das große, weite Meer in dieses kleine Loch füllen!" Durchdringend blickte ihn das Kind an: „Aber du meinst doch auch, das große Geheimnis der Dreifaltigkeit in deinem Kopf erfassen zu können!"

Manchmal gibt es einfach Dinge, die man mit dem Verstand nicht begreifen kann. Nur mit dem Herzen. Nur im Glauben.

Manchmal gibt es einfach Dinge, die man seiner Seele nicht mehr zumuten kann. Dann brauche ich professionelle Hilfe zur Bewältigung.

Manchmal gibt es einfach Dinge, die man mit dem Körper nicht mehr schafft. Dann brauche ich Ruhe, Erholung und vielleicht auch medizinische Unterstützung.

Seien wir offen für diese unsere Grenzen!

C ABENDIMPULS

Wer die Grenzen erkennt und in ihnen sein Glück, der kann es auch halten sein Leben lang.

Selbstverständlich sind hier nicht unsere Zauntreppen gemeint, die eher weniger glücklich machen, und auch sicher nicht gewaltsame Grenzziehungen politischer Art wie einst durch Deutschland oder heute in Israel oder Mexiko.

Es geht um die Akzeptanz unserer Begrenztheit, die besonders jetzt beim Pilgern, aber auch in unserem Alltag bedeutsam ist. Wenn ich meine Grenzen erkenne und nicht neidvoll anderen nacheifere, die irgendetwas besser können, schöner, sportlicher, erfolgreicher, intelligenter sind als ich.

Legen wir unsere Gedanken in das folgende kurze Gebet:

Guter Gott, ich erinnere mich an viele Situationen, die mich an meine Grenzen gebracht haben, in den letzten Tagen, aber auch zuvor daheim. Lass mich die Grenzen, die ich nicht überwinden kann, die ich akzeptieren muss, mit Gelassenheit anerkennen. Lass mich aber auch die Grenzen erkennen, die ich überwinden kann und soll. Gib mir Gespür und Kraft, dies beides voneinander zu trennen. Hilf mir dabei als mein steter Begleiter, den ich oft gerade in Grenzsituationen spüren durfte. Schenke mir eine ruhige Nacht und lass mich morgen mit neuer Kraft erwachen! Amen.

Konzentration

A MORGENIMPULS

Schmale Pfade, besonders die Bohlenwege, noch dazu wenn sie feucht sind oder wenn der Wind stürmisch weht, steile bemooste Abstiege, manche Seile etwas entschärft, wackelnde Steine und provisorische Brücken – all diese mehr oder weniger problematischen Wegstellen erfordern immer wieder unsere Aufmerksamkeit und Konzentration.

In solchen Momenten sind wir ganz bei uns, lassen uns nicht ablenken und sind fokussiert auf den Weg, der sonst ja oft unter unseren Füßen recht schnell überwunden wird.

Das Spannende dabei ist ja, dass wir auch auf einem breiten Weg normalerweise nicht herumschwanken und auch dort linear vorwärts gehen. Aber erst auf schmalen Pfaden wird uns bewusst, dass dies nun von Bedeutung ist. Sonst landen wir unsanft neben dem Weg oder können sogar gefährlich (ab)stürzen.

Unser Impuls von Gustave Flaubert stellt dieses Phänomen in einen allgemeinen Zusammenhang:

Alles hängt von der Intensität ab, die man auf eine Sache verwendet.

B UNTERWEGS

Ein Grat, rechts und links geht es hinunter. Die Psyche macht den Weg schmaler als er eigentlich ist. Ich stolpere nie, doch plötzlich kommt mir in den Sinn, dass ich stolpern könnte. Weil es fatale Folgen hätte.

Es ist gut, dass der Körper da oder auch an weniger exponierten Stellen wie wir sie meist hier in Norwegen antreffen, in einen Aufmerksamkeitsmodus schaltet, dass meine Bewegungen vorsichtiger werden, bedachter, bewusster.

Ich bin dann ganz bei der Sache, nur auf meine Bewegungen, meine Schritte fokussiert. Meine Gedanken sind nur im Hier und Jetzt, nirgendwo anders, nichts lenkt mich ab. Und nichts entspannt im Nachhinein mehr als diese Konzentration auf das Wesentliche.

Wie geht es mir in diesen Momenten? Ist Angst mit im Spiel? Wenn ja, wie gehe ich mit ihr um?

Und was habe ich nach der Bewältigung, nach der Überwindung solcher Problemstellen erfahren?

Wenn sie mich selbst Überwindung gekostet hat, bestimmt Stolz. Ich bin über mich hinausgewachsen, habe etwas geschafft, was ich mir fast nicht zugetraut hätte.

Was nach solchen Herausforderungen auf jeden Fall auch bleibt, ist eine gewisse Ehrfurcht vor den Kräften der Natur, die sich mir in einer solchen Unwegsamkeit zeigt. Ob nun der reißende Bach die Brücke nahezu zerstört hat oder das unendlich scheinende Moorgebiet nur durch kilometerweite Bohlenwege durchquerbar ist – immer ist es auch die Kraft der Natur, die mich hier zu konzentriertem Handeln fordert. Der ich sonst unterliege.

Solchen Urgewalten stehen wir bis heute hilflos gegenüber. In diese Hilflosigkeit mischt sich aber immer wieder auch Faszination.
Fascinosum et tremendum – faszinierend und zu fürchten. So beschrieben die Alten auch Gott. Das bedeutet auch, dass die Kräfte der Natur irgendwie heilig sind. Auch wenn sie diese unheilvolle Seite haben.

Nehmen wir hier an diesem Ort ganz bewusst die Natur wahr. Ihre liebliche Seite erschließt sich uns immer leicht. Vergegenwärtigen wir uns aber auch einmal ihre Kraft. Lassen wir uns gedanklich darauf ein, dass die Natur stärker ist als wir. Wir glauben nur immer, dass die technischen Errungenschaften die Natur beherrschbar gemacht und in die Knie gezwungen haben. Sie wird da sein, wenn wir lange nicht mehr da sind. Dass wir sie brauchen, dass wir aber auch eine Verantwortung für sie haben, ist nur auf den ersten Blick ein leichter Widerspruch.

C ABENDIMPULS

Alles hängt von der Intensität ab, die man auf eine Sache verwendet.

Intensität, also die Stärke, die Kraft oder die Wirksamkeit, die ich auf etwas verwende, ist ausschlaggebend. Wofür?

Wie intensiv ich mich einer Sache widme, das prägt diese.

Unser Motto Konzentration meint im Grunde das gleiche: Ich zentriere meine Aufmerksamkeit, nehme sie zusammen, bündle sie auf ein Ziel hin.

Die negative Assoziation mit den Lagern der Nationalsozialisten darf uns den Wert dieser Haltung nicht nehmen. Es ist wichtig, dass ich ein Zentrum habe, auf das hin ich handle oder arbeite. Eine Mitte, in der alles zusammenfließt. Und von dem her ich Kraft schöpfe.

Was ist das in meinem Leben? Worauf konzentriere ich mich? Was gehe ich intensiv an?

Überlegen wir dies kurz und bündeln wir unsere Gedanken in folgendem kurzen Gebet:

Guter Gott, ich bin jetzt ganz bei dir, aufmerksam und still. Wie auch oft auf dem Weg versuche ich, zu meiner Mitte zu kommen, zu dir. Ich versuche, deinen Willen zu erkennen. Lass mich jetzt beim Pilgern spüren, wie ich deinen Auftrag an mich dann in ein paar Tagen oder Wochen wieder im Alltag umsetzen kann, um intensiv zu leben, ohne viel Ablenkung und mit Bedacht. Wache nun über meinen Schlaf und lass mich morgen mit neuer Kraft erwachen! Amen.

Naturschönheit

A MORGENIMPULS

Jubel über die schöne Natur mit ihren Bergen, Bäumen und Blumen passt wunderbar hierher in die norwegische Landschaft, die uns so oft viel unberührter und reiner vorkommt als zu Hause.

Und dann gibt es diese Erscheinungen in der Natur, die uns einfach nur staunend zurücklassen. Das kann ein Sonnenauf- oder untergang sein, hier in Norwegen die lange Helligkeit, die Farben des Regenbogens oder auch eine Reflexion im klaren Wasser.

Solche Momente lassen uns ehrfürchtig werden. Und sie lassen uns an den denken, der alles erschaffen hat.

Gott wird sichtbar und erfahrbar in seiner Schöpfung – der oft so modern scheinende Gedanke ist durchaus biblisch. Gott ist in der Natur, in ihrer Schönheit und Zerbrechlichkeit, in ihrer Macht und Größe, in ihren Geschöpfen – und schließlich in jedem/jeder von uns.

So sagt schon der Römerbrief über den Schöpfergott – unser Impuls für heute:

Denn seit der Erschaffung der Welt wird nämlich sein unsichtbares Wesen erkannt durch das, was geschaffen wurde. (Röm 1,20)

B UNTERWEGS

Natur und Kultur sehen wir oft als Gegensätze: Natur – nicht vom Menschen geschaffen, versus Kultur – vom Menschen erzeugt. Also Gegensätze.

Ein Entweder – Oder? Ist das wirklich so?

Tiere, Pflanzen, Felsen – klar, Natur; dagegen Haustiere, Gemüse, Steinmauern – klar, Kultur? Aber keine Natur mehr? Wirklich?

Besonders hier in Norwegen sehen wir auch fließende Übergänge dieser beiden Enden einer imaginären Skala. Wir sehen die Bauernlandschaft und fühlen uns doch mitten in der Natur, wir laufen durch Felder und Äcker. Wir können einmal richtig sehen und erfahren, wo unser tägliches Brot, unsere Lebensmittel herkommen.

Auf dem Weiterweg können wir einmal ganz bewusst die Schönheit der Blumen wahrnehmen, vielleicht auch einmal über eine Blüte streichen und die Schönheit der Natur ganz handgreiflich wahrnehmen. So machen wir uns mit der Natur vertraut. Wir sind ein Teil von ihr.

Wir können vielleicht eine bestimmte Wegstrecke langsam gehen, achtsam sein, Bäume bewundern und mit ihnen in Kontakt treten. Dabei lässt sich ihre Verbindung von Erde und Himmel spüren. Wir können wenigstens kurz uns selbst mit anderen Sphären verbinden, loslassen, träumen.

Der bekannte Sonnengesang von Franz von Assisi fällt uns vielleicht unwillkürlich ein. Ein paar Abschnitte hier geben wieder, wie eng dieser Heilige die Verbindung zwischen Gott und Natur sah:

Gelobt seist du, mein Herr, deshalb mit all deinen Kreaturen, besonders vor allem mit Bruder Sonne! Der ist unser Tag und wir werden durch ihn erleuchtet. Und er ist schön und strahlend mit großem Glanz. Von dir, Höchster, bringt er uns einen Abglanz.

Gelobt seist du, mein Herr, durch Bruder Wind, und durch die Luft und durch wolkiges, heiteres und überhaupt jedes Wetter! Dadurch gibst du deinen Kreaturen die Lebenserhaltung.

Gelobt seist du, mein Herr, durch Schwester Wasser! Sie ist sehr nützlich, demütig, kostbar und rein.

Gelobt seist du, mein Herr, durch unsere Schwester Mutter Erde! Sie erhält und lenkt uns, sie produziert verschiedene Früchte mit farbigen Blumen und auch Kräuter.

Fügen wir diesem Lobpreis selber doch noch ganz persönliche Strophen hinzu, während wir dann weiter pilgern.

C ABENDIMPULS

Denn seit der Erschaffung der Welt wird nämlich sein unsichtbares Wesen erkannt durch das, was geschaffen wurde.

Wir haben einen Tag lang bewusst die Schönheit der Natur genossen, ihre Schönheit, Wildheit, Kraft und Unbezähmbarkeit bewundert. Wir sind ein Stück weit in sie eingetaucht.

Der Gedanke an den Schöpfergott, der durch die Natur erfahrbar wird, hat uns begleitet.

Diese Verbindung nehmen wir in unserem Alltag vermutlich oft nicht wahr, vielleicht wollen wir sie auch nicht wahrhaben. Doch dass unsere Umwelt, die Schöpfung, eine uns anvertraute Aufgabe ist, machte nicht erst die Enzyklika „Laudato sí" von Papst Franziskus deutlich. Dieser verantwortungsvolle Auftrag ist den Menschen seit der Erschaffung der Welt, wie sie im ersten Buch der Bibel beschrieben ist, gegeben.

Legen wir unsere Gedanken in das folgende kurze Gebet:

Guter Gott, du hast die Welt so schön und doch so zerbrechlich erschaffen und uns deine Schöpfung anvertraut. Ich danke dir für die vielen Wunder der Natur, die mir hier täglich begegnen und die mir auch heute wieder bewusst geworden sind. Hilf mir, auch daheim im Alltag Schritte zu gehen, die diese Verantwortung im Blick haben. Lass mich morgen mit neuem Mut erwachen – und in Vorfreude auf einen weiteren Pilgertag in dieser schönen Umgebung! Amen.

Pilgern

A MORGENIMPULS

Ein Motto, das für uns gerade gewöhnlicher nicht sein könnte. Wir machen das ja seit Tagen, vielleicht seit Wochen. Jeden Tag den gleichen Rhythmus, jeden Tag gehen. Mit jedem Tag rückt Trondheim näher.

Vielleicht haben wir uns schon öfter gefragt, warum wir pilgern, vielleicht mussten wir es vor unserer Abreise immer mal wieder erklären.

Aber wie sieht es jetzt aus, unterwegs? Ist die Motivation noch die gleiche? Haben sich neue Aspekte ergeben? Durch den Weg? Durch Begegnungen? Durch die Natur?

Thomas Morus, der englische Humanist und Theologe, hat für unser Nachdenken über unser vielleicht gewandeltes Pilger-Dasein den richtigen Impuls:

Es kommt niemals ein Pilger nach Hause, ohne ein Vorurteil weniger und eine neue Idee mehr zu haben.

B UNTERWEGS

Wenn wir einmal die Herkunft des Wortes „Pilger" betrachten, landen wir wie so oft beim lateinischen Ursprung: Das Adjektiv „peregrinus, -a, -um" stand für fremd, ausländisch, nicht sesshaft, „peregrinare" bedeutete durchwandern, ganz wörtlich durch (per) die Felder/Äcker (agros). Erst gegen Ende der Völkerwanderungszeit, also zur Zeit der Kirchenväter bekommt „peregrinari" und das nun auch gebräuchliche Substantiv „peregrinatio" auch die Bedeutung von Wallfahren zu einem heiligen Ziel. Im Italienischen wandelt sich das Wort zu

„pelegrinare", im Englischen zu „pilgrim", im Deutschen, ja, zum Pilgern.

Es ist wohl ein uraltes Bedürfnis, das wir in praktisch allen Religionen kennen – sich einmal zu lösen aus allen Alltagszwängen und zu gehen, um an einen heiligen, besonderen Ort zu kommen. Jerusalem für so viele Religionen, Mekka für den Islam und Rom für Christen bilden bis heute große und teilweise sogar verpflichtende Ziele für die Gläubigen.

Es ist auch eine alte Pilgerroute, der wir schon die ganze Zeit folgen. Zuverlässig zeigen uns Schilder den Weg, und auch das Gehen wird immer vertrauter.

Die Schilder des Olavsweges begleiten uns auch heute zuverlässig auf dem Weg.

Wir richten uns nach ihnen

      Vorgaben und Freiheit des Pilgerns – ein Widerspruch?

wir hängen ein Stück weit von ihnen ab

> Abhängigkeit und Freiheit des Pilgerns – ein Widerspruch?

wir suchen nach ihnen, zumindest wenn wir länger keines gesehen haben

> Unsicherheit und Freiheit des Pilgerns – ein Widerspruch?

Wie anders mag es da unseren Vorfahren ergangen sein? Sie pilgerten ohne Beschilderung und Pilgerführer, ohne genaues Wissen um das, was ihnen bevorsteht an Städten, Ländern und ihren Eigenheiten. Gefahren der Natur oder durch räuberische Zeitgenossen, Unbilden des Wetters oder Krankheiten waren ihnen sicher bewusst.

Aber sie pilgerten weiter.

Wir gehen auf den Spuren unzähliger Menschen

Die auf der Suche nach dem Heil waren

Auf den Spuren jahrhundertealter Tradition

Die nur dadurch entstand, dass Menschen unterwegs waren.

Damit geben wir durchaus ein wenig Individualität auf.

Wir werden zu Mit-Läufern, Nach-Kommen derer, die vor uns waren.

Gefangen in unserer Zeit, aber auch gefangen in der Geschichte.

Und auf der Suche nach unserem ganz individuellen Heil.

C ABENDIMPULS

Es kommt niemals ein Pilger nach Hause, ohne ein Vorurteil weniger und eine neue Idee mehr zu haben.

Vielleicht sind uns heute tatsächlich neue Ideen eingefallen, vielleicht haben sich auch schon ein paar Vorurteile abgebaut. Sicher ist jedoch, dass wir uns bewusst mit unserem Tun beschäftigt haben, und dabei vor allem mit unserem Geist.

Besonders beim Pilgern ist aber auch unser Körper und sein Wohlbefinden sehr wichtig, die Basis von allem. Er zeigt die Grenzen auf, jenseits derer auch Pilgern zu einem ungesunden Ausdauersport verkommen kann. Dann geht die Spiritualität verloren, wenn man nicht auf ihn hört, seine Signale richtig deutet und sein Pilgern danach richtet.

Körper und Geist, Körper und Seele brauchen einander, nicht nur beim Pilgern, aber beim Pilgern besonders.

Legen wir unsere Gedanken in das folgende kurze Gebet:

Guter und Heil bringender Gott, heute habe ich mir den Wert meines Tuns, des Pilgerns bewusst gemacht. Ich habe darauf geachtet, wie ich geistig und körperlich gefordert werde. Schenke mir auch weiterhin Aufmerksamkeit für meine Beine und Füße, die mich tragen, für den Rücken, der das Gepäck schleppt, für die Verdauung, den Kreislauf, die Atmung. Führe, schütze und begleite uns auf unserem Weg zum Heil! Segne meinen Schlaf und lass mich morgen mit neuem Mut und neuer Kraft erwachen! Amen.

Unten

A MORGENIMPULS

Unser Motto passt natürlich dann am besten, wenn wir die höheren Sphären des Fjells oder auch nur die hohen Hänge über einem Talboden verlassen haben und der Olavsweg uns nach unten, also an den Fluss, den See oder auch ans Meer führt.

Es ist einfach eine andere Perspektive – unten. Wir schauen auf nichts mehr herab, wir haben keine besondere Fernsicht und im Normalfall gibt es auch mehr Menschen und Getriebe als oben.

All das passt nicht nur auf die Landschaft und unsere ganz aktuelle Erfahrung. Auch in unserem Alltag erleben wir gelegentlich den Unterschied zwischen Oben und Unten. Das kann irgendein Rangstreit oder sonstiger Dünkel sein, dass wir spontan assoziieren: Die da oben, wir da unten. Sozialneid, Sich-Unverstanden-Fühlen, am Ende vielleicht Rebellion.

Der wunderbar rhythmische Impuls von J.W. von Goethe passt in solche Situationen:

Auf keinem Boden darf ich niedrig sein, Erniedrigung auf keinem Boden dulden.

B UNTERWEGS

Unser erstes Wegstück hat uns – vielleicht mit leichtem Auf und Ab – gut darüber nachdenken und Situationen suchen lassen, in denen wir oben oder unten sind.

Gibt es in meinem Leben auch Berührungspunkte mit diesem Unten/Oben? Im Beruf mit dem Chef, der Chefin? Mit einem arroganten Ansprechpartner in einer Behörde? Mit Nachbarn im Mietshaus über oder unter mir? In der Kirche beim Kontakt mit dem Pfarrer?

Wie geht es mir da, wenn ich mich „unten" fühle? Welche Strategien habe ich, die negativen Gefühle solcher Begegnungen zu kompensieren?

Es finden sich etliche Ausdrücke oder Sprichwörter, die solches ausdrücken: Auf dem Boden der Tatsachen angekommen. Ganz unten. Nicht auf dem Damm. Abgestürzt. Die Flügel gestutzt.

Hier sind wir es nun tatsächlich, ganz handgreiflich: unten.

Ist das schlimm? Kann es nicht auch unten schön sein? Vielleicht sogar schöner als oben, geschützter, weniger exponiert?

Es gibt vielleicht weniger Spektakuläres hier unten im Tal – strategisch besser liegen Burgen natürlich oben, viele Orden, allen voran die Benediktiner, bauten ihre Abteien auf Berge oder Hügel. Aber unten waren und sind die Handelsrouten, blüh(t)en die Städte und leb(t)en die meisten Menschen.

Aber unten hat man manchmal das Gefühl, über-sehen zu werden. Oder erdrückt von oben. Nicht von ungefähr ist seit jeher der Platz unten negativer behaftet; unten sind Hölle und Unterwelt, oben Himmel und die Sphäre der Götter.

Oben am Berg ist aber auch die Luft dünner. Der Platz geringer. Umkämpfter. Aber man hat den Weitblick.

Da strebt man doch hin, das will man haben.

Aber auch dazu lassen sich (selbst)kritische Fragen stellen:

Wie bemerke ich, wenn ich das „Oben" repräsentiere? Denke ich daran, wie es sich unten anfühlt? Fällt mir da auf, wie ich auf andere wirke? Was unternehme ich gegen eigene Arroganz und Abgehobenheit?

C ABENDIMPULS

Auf keinem Boden darf ich niedrig sein,
Erniedrigung auf keinem Boden dulden.

Hier kommt ein weiterer Aspekt von Unten zum Vorschein. Er-niedrig-ung. Die beschämende und verächtliche Behandlung durch einen anderen, einen höher gestellten Mitmenschen.

So etwas dürfen wir nicht dulden, nicht bei uns und nicht bei anderen. Diese Art von Unten-Sein ist menschenverachtend und wird nicht dem gerecht, was wir haben und verteidigen müssen – die unverlierbare Würde unserer Person und die Pflicht, für andere einzutreten.

Legen wir unsere Gedanken in das folgende kurze Gebet:

Guter Gott, schenke mir die Weisheit, mein Denken von Kategorien wie Unten und Oben, Schwarz und Weiß, Gut und Schlecht freizumachen! Lass nicht zu, dass ich andere verurteile oder beneide, wenn sie „obenauf" sind, aber führe mich zu mutigen Schritten, wenn ich von Erniedrigung und Ausbeutung höre! Zeige mir selbst Bescheidenheit, Zurückhaltung und Respekt vor allen meinen Mitmenschen. Segne meine Nachtruhe und lass mich morgen mit neuem Mut und neuer Kraft erwachen – und in Vorfreude auf einen schönen Pilgertag! Amen.

Veränderung

A MORGENIMPULS

Das Unterwegs-Sein ist anders. Nichts, wenig ist so wie immer. Und ganz natürlicherweise sind wir auch anders als in unserem Alltag, wo wirklich große Veränderungen selten sind. Das Gleich-Bleiben nervt zwar manchmal, allerdings tut ein solcher gleichbleibender Rhythmus auch gut.

Menschen, die arbeitslos werden oder in Rente gehen, merken das Fehlen des routinierten Tagesablaufes, und es ist eine wichtige Aufgabe, das Leben wieder zu takten.

Beim Pilgern bemerken wir beides: eine immer gleiche Taktung unseres Tages zwischen Aufstehen und Schlafen, aber auch eine stetige Veränderung. Besonders unsere Umgebung ist nie gleich, und wir reagieren darauf. Alles ist Wandel und Veränderung – aber im Rahmen unseres routinierten Ablaufes.

Unser Impuls stammt von Niccolo Macchiavelli, einem italienischen Staatsmann der Renaissance, in der sich ja viel veränderte. Er muss es also wissen:

Eine Veränderung bewirkt stets eine weitere Veränderung.

B UNTERWEGS

Einem kanadischen Indianer soll jener Spruch entstammen: *„Ich sitze in freier Natur, am See. Die Weißen möchten, dass ich wie sie arbeite, wie sie Geld verdiene, wie sie ein Auto* *kaufe und wie sie in freier Natur, an einem See Urlaub mache und angle. Ich sitze schon in freier Natur, am See...".*

Wir können diese Weisheit der Zufriedenheit mit dem Ist-Zustand vielleicht gerade in der schönen Natur Norwegens gut nachvollziehen. Zufriedenheit braucht keine krampfhafte Veränderung, schon gar nicht eine von außen diktierte.

Wozu etwas verändern, wenn ich es im Kern schon besitze? Nur um meinen Ehrgeiz zu befriedigen? Die Gesellschaft voranzubringen? Etwas zu leisten, zu etwas gut zu sein, etwas schaffen?

Es ist unserer Leistungsgesellschaft vollkommen konträr, nicht immer weiter zu streben, nach etwas Besserem, nach einem Mehr, egal wie es aussieht, egal warum ich es eigentlich brauchen soll, egal was es kostet.

Egal, was es kostet? Und wenn es die Zufriedenheit kostet?

Oder empfinde ich diese Unlust an Veränderung als Bequemlichkeit oder gar Faulheit? Womöglich sogar als Schmarotzertum, einen unzumutbaren Gegenentwurf zum „immer mehr"?

Es sind grundlegende Fragen, die uns zutiefst selbst anfragen. Der Ruf des Johannes zur Umkehr, auch einer Art der Veränderung, wurde auch nicht von allen gern gehört. Oder auch der Ruf Gottes an so manch einen Propheten oder Heiligen, manchmal nicht einmal gerne von der angerufenen Person selber. Weil Veränderung so tief gehen kann, das Leben, in dem man sich gut eingerichtet hat, verändern und vielleicht sogar brechen kann.

Es ist gut, wenn wir uns einmal solchen Veränderungen, vielleicht auch Brüchen in unserem Leben stellen, den vergangenen oder auch denen, die vor mir liegen.

Welche Veränderungen sind in meinem Leben bereits geschehen?

Was trieb oder treibt bei mir Veränderungen an? Äußere Umstände, Krankheit oder Verlust, Unglücke oder auch positive Zufälle?

Oder ergriff und ergreife ich auch selbst die Initiative zu Veränderungen, die nachhaltiger sind als Neujahrsvorsätze?

Wie bewerte ich meine Veränderungen?

Welche erhoffe ich? Und warum?

Beziehe ich Gottes Willen im Gebet ein, wenn es um Veränderungen geht?

C ABENDIMPULS

Eine Veränderung bewirkt stets eine weitere Veränderung.

Ja, Veränderung, Wandel, Umkehr oder Routine, Trott, Zufriedenheit? Oder? Oder ein und?

Bei all diesen Worten hab ich Assoziationen im Kopf. Positive und negative.

Gewollte und gewünschte Veränderung, aber auch ein plötzliches Hereinbrechen einer Nachricht, die alles auf den Kopf stellt – so groß ist die Bandbreite.

Eingespielte Routine und zufriedene Alltagsgestaltung, aber auch das Gefühl, nicht aus dem Hamsterrad zu kommen – auch in diesem Bereich gibt es kein Schwarz und Weiß.

Legen wir unsere Gedanken in das folgende kurze Gebet:

Guter Gott, ich habe heute bewusst Veränderungen wahrgenommen, auf dem Weg und in mir selbst, gute und schlechte, schon eingetretene und bevorstehende. Ich habe in dem immer gleichen Ablauf des Pilgerns die gute Routine gespürt, aber auch den steten Wandel beachtet. Begleite mich weiter auf meinem Weg, hier beim Pilgern, aber auch danach im Alltag, der auch Veränderungen wie den berühmten Trott für mich bereithalten wird! Wache nun über meinen Schlaf und lass mich morgen mit neuer Kraft erwachen! Amen.

Wasser

A MORGENIMPULS

Hier in Norwegen ist Wasser fast allgegenwärtig. Wir pilgern fast immer mit Blick auf einen See oder Fluss, wir überqueren täglich mehr oder weniger lebhafte Bäche und können auch (abgesehen von Lemmingjahren) genießen, wie es ist, direkt aus einem fließenden, lebendigen Gewässer zu trinken. Plätschern ist neben Vogelzwitschern unser fast ständiger akustischer Begleiter.

Oft kommen wir auch an Olavsquellen vorbei, also an alten Kultorten, die mit unserem Heiligen in Verbindung gebracht werden.

Gründe genug, uns einen Tag lang mit diesem Urelement zu beschäftigen, das hier so allgegenwärtig und weltweit doch so knapp und von Verunreinigungen belastet ist.

Unser Impuls stammt von „Wasser-Pfarrer" Sebastian Kneipp, der dem Wasser so einiges zuspricht:

Im Wasser liegt Heil; es ist das einfachste und das sicherste Heilmittel.

B UNTERWEGS

Viele Geschichten in der Bibel und von Heiligen berichten von Wasser und auch von Entdeckungen einer oft heilbringenden oder wundertätigen Quelle.

Egal, ob ich jetzt an einer solchen sitze und ganz frisches, reines Wasser trinken kann oder ob ich an einem lebendigen Bachlauf stehe, dessen Wasser zwar schon einen gewissen Weg zurückgelegt hat, aber immer noch trinkbar und gut ist - nehmen wir einen Schluck und spüren diesem Geschmackserlebnis nach!

Kann ich – ähnlich einem Weinkenner – eine Assoziation herstellen? Schmecke ich Moos oder Erde, Tannine oder Noten von Beeren, oder, etwas ausgefallener, von Melonen und Pfirsich?

Lassen wir das Wasser ganz langsam und bewusst durch die Kehle rinnen.

Kann ich seinem Lauf in meinem Körper folgen? Wie reagiert dieser?

Nehmen wir uns Zeit, den Schluck kurz Revue passieren zu lassen.

Wann fühlte ich mich erfrischt? Schon beim Trinken? Beim Schmecken? Beim Schlucken?

Die Körperübung kann beliebig oft wiederholt werden, manchmal zeigen sich sogar unterschiedliche Wahrnehmungen.

Richten wir unseren Sinn danach wieder nach außen, auf das Sehen!

Über viele Felsen und Steine rauscht das Wasser zu Tal. Die Jahreszeit bestimmt, wie viel. Nehmen wir uns ein paar Minuten Zeit, um dem fließenden Wasser zuzuschauen.

Um Farben im Wasser zu entdecken. Um die Gischt zu betrachten.

Dann schließen wir die Augen und hören nur noch zu. Auf das Rauschen und Fließen. Auf Vogelzwitschern. Auf den Wind in den Bäumen.

Und spüren wir den Assoziationen nach, die uns einfallen.

Lebendigkeit, Frische, Kraft, Erholung, Kühle.

Nehmen wir diese Begriffe und die mit ihnen verbundenen Gefühle mit auf den weiteren Weg!

C ABENDIMPULS

Im Wasser liegt Heil; es ist das einfachste und das sicherste Heilmittel.

Wir haben heute – wie eigentlich täglich – Wasser geschmeckt und genossen. Und diesmal wohl ein wenig bewusster als sonst seine heil-same Wirkung gespürt. Vielleicht haben wir auch unseren Körper oder einen Teil davon in kühles Wasser tauchen können.

Besonders wenn es warm ist – ein unbeschreibliches Gefühl. Man hat buchstäblich den Eindruck, dass die Lebensgeister wieder zurückkommen, dass man lebendig wird, dass man neu auflebt.

Neue Lebenskraft, Gesundung, Heil.

Legen wir unsere Gedanken in das folgende kurze Gebet:

Guter Gott, ich bin beeindruckt von der heilsamen Kraft und Schönheit des Wassers, ich freue mich darüber, dass ich genug davon habe und danke dir dafür! Hilf allen Menschen, die unter Durst leiden, schütze diejenigen, die übers Wasser flüchten müssen und sei bei denen, deren Leben durch den Klimawandel und das Abschmelzen der Polkappen, gefährdet ist. Schenke mir selbst die Erkenntnis, mit dem Wasser sinnvoll, bewusst und gut umzugehen. Lass mich morgen mit neuem Mut erwachen – und in Vorfreude auf einen Tag, an dem du mich wieder mit Wasser versorgst! Amen.

Wegkreuzung

A MORGENIMPULS

Unser Motto ist etwas, das uns sehr geläufig ist. Oft kommen wir an Stellen, wo sich der Weg verzweigt, wo wir vielleicht nicht mehr genau wissen, wie es weitergeht – oder wie es weiterginge, wenn uns keine Schilder oder Olavswegzeichen weiterleiten würden.

Wir können Landkarten oder das GPS befragen, wenn wir uns unsicher sind. Oft leitet uns aber auch schon unser nach vorne gerichteter Blick auf die rechte Spur, etwa wenn wir weiter vorne sehen, dass es richtigerweise bergab oder bergauf geht oder dass ein besonderer Ort schon sichtbar ist.

Unser innerer Kompass oder äußere Wegweiser leiten uns also gut auf dem Olavsweg – und auf unserem Lebensweg? Welchem Wegweiser folgen wir da, vertrauen uns an? Lassen wir uns da von Gott leiten?

Unser Impuls stammt heute aus Psalm 27,11:

Herr, weise mir deinen Weg und leite mich auf ebener Bahn!

B UNTERWEGS

Wir stehen immer wieder an einer Kreuzung, an der Wege und Straßen einmünden. Wir müssen uns entscheiden, wohin es weiter gehen soll.

Jedes Mal ist es eine wichtige Entscheidung, denn das Sich-Verlaufen ist für Pilger eine äußerst negative Erfahrung, die man sich gern erspart. Aber wir können umkehren, wenn es mal die falsche Entscheidung war, und können uns dann neu – und dann hoffentlich richtig – orientieren. Es gilt also, aufmerksam zu bleiben, denn ein Umkehren sollte nicht zu spät erfolgen, um nicht buchstäblich zu spät dran zu sein.

Grundsätzliche Entscheidungen, die wir in unserem Leben treffen oder schon getroffen haben, sind da manchmal weniger schnell reversibel.

Das ist es, was uns hier beschäftigen kann.

Welche Entscheidung schiebe ich vor mir her? In welchem Bereich nagt es denn schon längere Zeit an mir?

Mache ich meinen Beruf mit Freude und Begeisterung oder aus Routine und der Angst vor Veränderung?

Sagt mir mein Herz nicht eindeutig, ob ich in meinem privaten Umfeld etwas ändern, etwas loslassen oder um etwas kämpfen muss?

Wo mahnt eine innere Stimme mich zur Neu- oder Umorientierung, wenn ich an die Ausbeutung der Natur oder die Kommerzialisierung der Wirtschaft denke?

Und letztlich: Warum habe ich nicht den Mut, auf mein Innerstes, auf das, wo Gott zu mir spricht, zu hören und ihm zu folgen?

Vor uns liegen Entscheidungen. Am Weg und im Leben. Es geht immer auch um eine grundsätzliche Ausrichtung – dorthin, wohin mein Lebenskompass weist. Doch wohin ist das? Wechselt das nicht ständig, in welche Richtung ich unterwegs bin? Gerade auch hier beim Pilgern?

Nehmen wir uns hier und jetzt ein paar Minuten Zeit, um zur Ruhe zu kommen und unsere Gedanken zu beobachten. Sie werden sich dorthin ausrichten, was uns am meisten bedeutet.

C ABENDIMPULS

Herr, weise mir deinen Weg und leite mich auf ebener Bahn!

Nicht nur in diesem Psalm kommt das Vertrauen in Gottes Führung in der Bibel zur Sprache. Wir kennen bestimmt ähnliche Stellen und Verse.

Auch wenn der Beter des Alten Testaments nicht verwirrende Straßenkreuzungen vor Augen hatte, so war es auch für ihn bestimmt wichtig, an Wegkreuzungen den richtigen Weg zu nehmen, damit er ans Ziel kam. In der Wüste oder im Gebirge, vor dem offenbar auch großer Respekt bestand, da extra die „ebene" Bahn betont wurde, erst recht!

Doch vermutlich will er noch mehr als eine konkrete Wegführung. Es geht um Gottes Weg, da er von „deinem" spricht. Es geht um den richtigen Weg im Leben, um den Weg, der gottgefällig ist, der also IHM quasi gehört. Und den der Mensch vermutlich nicht immer sieht und erkennt. Die Hoffnung besteht nur auch hier im übertragenen Sinn, dass dieser Weg durchs Leben nicht steil und steinig sein möge, sondern eben und damit gut begehbar.

Legen wir unsere Gedanken in das folgende kurze Gebet:

Guter Gott, ich bin heute unterwegs an einigen Kreuzungen vorbeigekommen und habe mich entschieden, und zwar (meist?) richtig. In meinem Leben ist das nicht immer so; es fehlen manches Mal Wegweiser oder Orientierungspunkte. Hilf mir in solchen Situationen und bei weniger ebenen Wegstellen. Gib mir auch Menschen an die Seite, die mir als Freund/in Wegweiser sein können und mich auf dem Weg begleiten, wenn ich ihn alleine nicht schaffen sollte. Und wenn ihn keiner mit mir gehen sollte, dann begleite Du mich. Lass mich stets den richtigen Weg finden, konkret hier auf dem Olavsweg, aber auch sonst! Segne meinen Schlaf und lass mich morgen mit neuem Mut und neuer Kraft erwachen! Amen.

Weitblick

A MORGENIMPULS

Dieses Motto passt natürlich am besten zu Etappen, an denen sich einmal so richtig der Blick vor uns weitet. Es müssen keine großen Aussichtspunkte sein, aber eine gewisse Höhe, von der herab es sich einfach schön schauen lässt.

Auf Berge, Täler und Wiesen, auf Dörfer, Straßen und Äcker.

Aber auch im übertragenen Sinn auf uns, denn Weitblick hat ja durchaus auch diese andere, übertragene Bedeutung.

Wenn ich in die Weite sehe, dann ist der Blick frei, dann liegt vieles vor mir, offen, klar, sichtbar. Dann erkenne ich vielleicht das eine oder andere gut und besser als zuvor. Ganz aber erschließt sich auch an einem solchen Punkt nicht alles. Vieles bleibt verborgen, bei allem Weitblick.

Unser Impuls stammt aus den „Wahlverwandtschaften" von J.W. v. Goethe:

Wir blicken so gern in die Zukunft, weil wir das Ungefähre, was sich in ihr hin und her bewegt, durch stille Wünsche so gern zu unsern Gunsten heranleiten möchten.

B UNTERWEGS

Der eine mag die fernen Berggipfel zählen oder die gerade bewältigte Strecke zu erkennen versuchen, der andere lässt sich die Sonne auf das Gesicht scheinen und genießt den weiten Blick mit halb geschlossenen Augen blinzelnd.

Wie auch immer – hier ist auf jeden Fall der visuelle Sinn angesprochen, der Seh-Sinn, früher auch Gesichtssinn genannt. Auge und Gesicht werden hier beinahe miteinander identifiziert. Die Psychologie geht hier noch weiter:

Unmittelbar hängt vom Gesehenen ab, wie es uns geht. Darum schauen wir oft ganz automatisch weg, wenn wir davon ausgehen, dass uns das Zu Sehende belastet oder schadet. Und wir schauen gerne hin, wenn wir vom Gegenteil überzeugt sind. Sehen ist also nie neutral. Oder – wie C.F. Hebbel sagt: Das Auge ist der Punkt, in welchem Seele und Körper sich vermischen.

So gesehen ist unser Weitblick, der Aussichtspunkt hier nicht nur ein Feuerwerk für den Sehsinn, sondern für mich als ganzen Menschen.

Machen wir uns dies hier bewusst, genießen wir die Zeit hier oben und schauen wir einfach nur. Einfach nur schauen! Ohne zu überlegen, wie das nun am besten auf einem Selfie aussieht. Ohne auf den Auslöser des Fotoapparates zu drücken. Einfach nur schauen!

Doch wir wollen hier noch einmal den Blick heben und weiter schauen, weiter auf den Fluss des Lebens, auf unsere Zukunft.

Was erfordert dabei meinen Weitblick? Wie genau muss ich hinschauen, planen, wissen? Oder kann ich auch mal einen souveränen Weitblick schweifen lassen auch über meine Zukunft? Und mich dann überraschen lassen.

Es ist doch immer ein Wagnis, den sicheren Hafen zu verlassen, wenn auch nur in Gedanken. Doch das haben wir alle als Pilger ja schon gemacht!

Doch viele Menschen habe vor solchen Gedanken, die ihre Grundlage in der Weite des Herzens haben, Angst und fürchten Spontanität ebenso wie Unbekanntes, Unsicheres oder Unvorbereitetes. Sie verwechseln dann oft Weite mit Grenzenlosigkeit, nicht mit innerer Freiheit.

Wie geht es mir damit? Vielleicht lohnt sich nach oder auch mit unserem Blick in die große Weite auch einmal ein Blick in die mögliche Enge unseres Herzens.

C ABENDIMPULS

Wir blicken so gern in die Zukunft, weil wir das Ungefähre, was sich in ihr hin und her bewegt, durch stille Wünsche so gern zu unsern Gunsten heranleiten möchten.

Auch in unserer Zukunft gibt es diese Sichtachse, wo wir einiges vor uns liegen sehen – kommende Ereignisse, die sich bereits mehr oder minder konkret am Horizont abzeichnen, auf die wir mit Vorfreude oder Beklommenheit zusteuern, mit denen wir aber schon rechnen, weil wir sie konkret vor Augen haben.

Aber dann gibt es noch das Ungeplante, das „Ungefähre, was sich ... hin und her bewegt", die zufälligen Ereignisse. Vielleicht sind das Begegnungen, die wir nicht oder nicht mehr erwarten. Unverhoffte Versöhnungen. Oder aber Schicksals-

schläge, Unfall, Krankheit, Tod. Diese würden wir durch „stille Wünsche", durch Gebete gern „zu unseren Gunsten" abändern.
Wissen jedoch wollen wir nicht alles, das ergeben immer wieder aktuelle Studien. Lieber hoffen. Auf eine gute Zukunft, für die sich der Blick weiten soll, vielleicht auch über das Konkrete, über das Irdische hinaus.

Legen wir unsere Gedanken in das folgende kurze Gebet:

Guter Gott, du begleitest uns Menschen ins Weite und lässt uns kreativ, offen und frei sein. Es liegt an uns, wie wir mit dieser Weite und Freiheit umgehen. Hilf mir dabei, sie so zu nutzen, dass deine Freundlichkeit und Güte, deine Gedanken von Offenheit und Freude auch durch mich ausstrahlen in die Welt! Lass mich morgen mit neuer Kraft erwachen – und in Vorfreude auf einen schönen Pilgertag! Amen.

Weite

A MORGENIMPULS

Vielleicht ist das Motto dieses Tages das, was im Nachhinein am einprägsamsten bleibt von all den Natureindrücken auf dem Olavsweg. Die unglaubliche Weite auf der Hochebene des Dovrefjells.

Besonders nach den vielen Tagen im Wald, an den Hängen und in der Ebene des Gudbrandsdalens öffnet sich hier der Blick nach allen Seiten, ist nicht mehr ersichtlich begrenzt durch die Talseiten, sondern kann eine Weite aufnehmen, die wir selbst von den Alpen selten kennen.

Weite ist aber auch eine Eigenschaft des Herzens, und vielleicht sagt es etwas über uns aus, wenn wir diese Weite um uns herum betrachten – ob mit einer etwas zaghaften Beklommenheit und dem dahinter stehenden Gefühl des Verloren-Seins, oder aber auch mit einer besonderen Freude über das Gefühl von Freiheit und Grenzenlosigkeit.

Unser Impuls für einen Tag in dieser Weite der Landschaft stammt von J.W. v. Goethe, der dazu meinte:

Der Geist wächst mit der Weite des Augenblicks.

B UNTERWEGS

Ich bin hier an einen Punkt gekommen, wo ich durch das Erleben und Erfahren einer fast grenzenlos erscheinenden Weite gerade merke:

Hier bin ich, ganz ich, mit all meinen Sorgen. Vielleicht mit der Last dieser Wanderung bisher, vielleicht aber auch mit ihrer Lust. Vor allem aber mit der Lust, mich hier umzuschauen, das Panorama zu genießen, innezuhalten und stehen zu bleiben.

Mein An-Sehen dieser weiten und wunderbaren Welt jetzt heute und hier gibt mir eine Gelegenheit, mich selbst als Teil dieser Welt und ihrer Schönheit zu begreifen. Wie klein bin ich und wie groß ist diese Weite.

Vielleicht auch mit Tränen in den Augen ob ihrer Zerbrechlichkeit.

Ich bin über-wältigt. Vom grenzenlos scheinenden Panorama. Von den Eindrücken von Weite, Offenheit und Freiheit.

Überwältigt werde ich sonst vielleicht eher von negativeren Anblicken oder Dingen. Nehme ich mir hier einmal kurz Zeit, zu überlegen: Wovon bin ich schon einmal im positiven Sinne überwältigt worden? Oder von wem? Wie hat sich dies geäußert? Was war davor, was danach (anders)?

Ganz gleich, ob es eine Liebeserklärung war, das Durchbrechen der Nebeldecke bei einer Wanderung oder ein überraschender Besuch, ein nicht mehr erwarteter Brief oder ein Sonnenaufgang auf einem Berg, das Wort der Vergebung oder ein unverhoffter Erfolg, etwas dabei ist in mich gedrungen, hat mein Innerstes, mein Herz berührt und zum Schwingen gebracht.

Weitherzigkeit ist dafür die Voraussetzung. Das Gegenteil von Engstirnigkeit.

Interessant ist hier, dass die Stirn mit dem Adjektiv „eng", das Herz aber mit „weit" verbunden ist. Denken gegen Fühlen. Ratio gegen emotio. Das soll nun verstandesgemäßes Tun und Wirken nicht abwerten. Aber vielleicht das aufwerten, was wir gern übersehen und unterdrücken – unser Gefühl, unser Hoffen, Glauben und Lieben, oft gegen jede Logik.

Damit sind wir in ganz biblischer Tradition, in der schon König David seinem Gott dankt, dass er ihn „ins Weite" (Ps 18) führt, und in der Paulus im Korintherbrief die drei Tugenden Glaube, Hoffnung und Liebe vor alles Wissen und jeden Erfolg setzt.

Weite – und damit mal andere, ungewohnte Perspektiven.

C ABENDIMPULS

Der Geist wächst mit der Weite des Augenblicks.

Gehen wir heute einmal den Begriffen dieses Mantras nach, das uns den ganzen Tag begleitet hat:

Der Geist – meine Ganzheit aus Sinnen, Gefühlen, Verstand und Herz.

All das wächst – wird groß, steigt an und über sich hinaus.

Mit der Weite – die ich sah und sehe, die ich erreicht habe.

Des Augenblicks – ganz im Jetzt und Hier.

Ich – mein Geist, mein Selbst – habe mich heute anrühren lassen von der Weite. Und ich wachse über mich hinaus.

Legen wir unsere Gedanken in das folgende kurze Gebet:

Guter Gott, ich habe heute die Weite erfahren und auf mich wirken lassen. Meine eigene Weite oder auch oft Enge wurde mir dabei auch bewusst. Du willst, dass wir Menschen kreativ, offen und frei sind. Es liegt an uns, wie wir damit umgehen. Hilf mir dabei, die Enge in mir selbst zu überwinden und diese Weite und Freiheit so zu nutzen, dass deine Freundlichkeit und Güte, deine Gedanken von Offenheit und Freude auch durch mich ausstrahlen in die Welt! Lass mich morgen mit neuer Kraft erwachen – und in Vorfreude auf einen schönen Pilgertag! Amen.

Wunder

A MORGENIMPULS

Eine der Erfahrungen beim Pilgern ist es, dass sich immer wieder Dinge ereignen, die einen im positiven Sinn überraschen. Ich hoffe, Ihnen ist es auch schon so ergangen?!

Wenn ich vor Blasen nicht mehr laufen kann und gerade da jemand mit einem Auto den holprigen Feldweg entlang kommt und mich ein Stück weit mitnimmt.

Wenn das Gewitter auf der anderen Seite des Lågen hängenbleibt und kein Tropfen auf meiner Seite ankommt, obwohl mich das Grollen die ganze Zeit begleitet.

Wenn mir klar wird, dass ich meinen als Verpflegung gekauften Jogurt ohne Löffel kaum essen kann – und plötzlich glitzert einer vor mir im Gras.

Wenn ich erschöpft ins Quartier komme, es unverschämt gut aus der Küche riecht und ich zum Essen eingeladen werde. Und es gibt ausgerechnet meine erklärte Lieblingsspeise!

Wenn es nur Zufälle wären, dann wären es viele!

Vielleicht können wir heute bewusst darauf achten, was uns an Wundern umgibt und begegnet. Unser Impuls, der interessanterweise von Otto von Bismarck stammt, lautet dazu:

In jeder Minute sehen wir Wunder und nichts als solche.

B UNTERWEGS

Was ist ein Wunder, das uns ja laut unserem Mantra ständig begegnet? Welche Definition fällt mir spontan ein?

Vermutlich bezeichnen wir Wunder als etwas, das den Naturgesetzen widerspricht, das über unsere normalen Erfahrungen hinausgeht, das rational nicht erklärbar ist.

Diese moderne Sicht war in der Antike, aber auch noch im Mittelalter weiter – klar, man kannte noch keine Naturgesetze! Und bezeichnete demnach alles, was Staunen und Be- oder Verwunderung auslöste, als Wunder. Thauma im Griechischen und miraculum im Lateinischen drücken dies aus. Die sieben antiken Welt-Wunder sind dafür ein beredtes Beispiel. Das althochdeutsche Wort „wuntar" besitzt die indogermanische Wurzel „uen", was soviel wie verlangen bedeutet. Also gibt es auch sprachgeschichtlich die Verbindung zwischen Wunder und Wunsch.

In den Religionen sind die Erklärungen für Wunder recht einfach – sie werden als Eingreifen Gottes begriffen. In der Bibel, aber auch in Heiligenlegenden und an Wallfahrtsorten finden wir reichlich christliche Zeugnisse davon.

Auch am Olavsweg gibt es solche Erzählungen – speziell die Olavsquellen haben meist einen wunderbaren Hintergrund.

Wie stehe ich zu Wundergeschichten? Gläubig oder skeptisch? Warum? Wie beurteile ich Menschen, die in diesem Punkt anders denken? Als rückschrittlich? Oder als ungläubig?

Oder bin ich gerade selbst unterwegs, um ein Wunder zu erhalten oder zu erbitten?

Wie auch immer wir all die tradierten Geschichten bewerten – uns fallen bestimmt Ereignisse auch in unserem Leben ein, wo zunächst Unmöglich Erscheinendes möglich wird.

Dadurch, dass man über sich selbst hinauswächst – ob ganz

physisch bei einer Höchstleistung im Sport oder psychisch bei einer ausgestreckten Hand im Streit. Oder dadurch, dass man vertraut, dass schon alles gut wird, auch wenn wir es gerade absolut nicht so sehen.

Denn immer dann, wenn ein Mensch Dinge für möglich hält, die unmöglich scheinen, öffnet sich die Tür für ein Wunder.

Denken wir an die Wunder in unserem Leben und wandern wir so weiter!

C ABENDIMPULS

In jeder Minute sehen wir Wunder und nichts als solche.

Ein Tag voller Wunder liegt hinter uns. Wunder unseres Lebens, die uns eingefallen sind, oder auch Wunder unterwegs: Das Blümchen, das sich durch den Teer bohrt, das Auto, das sorgsam abbremst, der Gartenbesitzer, der mir Wasser aus seinem Gartenschlauch anbietet, die Freundlichkeit der Menschen, das Wetter, die Laune, ...

Ich ertappe mich dabei, Wunder zu übersehen, es für selbstverständlich zu halten, dass das Wunder meines Körpers funktioniert, dass die Beine laufen, die Verdauung in Ordnung ist und das Herz schlägt.

In Dankbarkeit will ich nun all der kleinen und großen Wunder dieses Tages gedenken und mir bewusst machen, dass ein Wunder immer eine persönliche Zusage an mich ist, dass ich nicht alleingelassen bin.

Legen wir unsere Gedanken in das folgende kurze Gebet:

Guter Gott, ich vergesse oft, dir zu danken für all die Wunder meines Lebens, für meine Eltern, die es mir geschenkt haben, für meine Gesundheit, für meine Freunde, für alles, was mein Leben schön macht. Erinnere mich immer wieder an die Freude darüber und das Vertrauen darauf, wenn es einmal nicht so läuft wie geplant! Gib mir auch an den kommenden Tagen Offenheit und Dankbarkeit für die Wunder deiner Schöpfung, lass mich morgen mit Mut und neuer Kraft erwachen – und in Vorfreude auf einen schönen Pilgertag! Amen.

Wurzeln

A MORGENIMPULS

Oft müssen wir in den waldigen Passagen des Weges über Wurzeln steigen, gelegentlich ist das auch rutschig und unangenehm. In solchen Momenten lassen wir oft außen vor, wie bedeutungsvoll Wurzeln sind, diese Verankerungen der Bäume und gleichzeitig deren Lebensader.

In Moorgebieten sehen wir gelegentlich flachwurzelnde Bäume einfach umgekippt, und ihre manchmal übermannsgroßen Wurzelteller beeindrucken uns. Hier sind es die Kräfte der Witterung, die eine solche Verankerung und Lebensader durchbrochen haben. Allerdings auch der Untergrund: zu wenig Erdreich und sonst nur Felsen. Das reicht dann nicht für einen großen Baum, nur kleine können sich halten....

Unser Impuls stammt heute aus einem Lied von Paul Gerhardt („Geh aus, mein Herz, und suche Freud") und bildet den Beginn dessen 14. Strophe. Daher kann es als Mantra durchaus auch gesummt oder gesungen
werden:

Mach in mir deinem Geiste Raum,
dass ich dir werd ein guter Baum,
und lass mich Wurzel treiben.

B UNTERWEGS

Wurzeln, diese beständigen und ortsfesten Gebilde aus Holz, sie sind in dieser Pilgerzeit so etwas wie unser Gegenpart. Sie sind schon jahre-, vielleicht jahrhundertelang hier, bleiben das auch – bis ein Sturm oder andere Unbilden der Natur sie aus ihrer Verankerung löst und dem Baum über ihnen ein jähes Ende bereitet.

Wir dagegen, wir sind jeden Tag woanders, wir können und sollen hier „keine Wurzeln schlagen", es geht weiter, immer weiter.

Hier beim Pilgern ist das so. Sonst nicht. Denn irgendwo verwurzelt sind wir alle.

Wir wollen hier kurz nachspüren, wo unsere Wurzeln liegen. Dazu ist eine kleine Körperübung hilfreich:

Stellen wir uns mit hüftbreit geöffneten Beinen bewusst auf den Boden, auch wenn wir ihn vielleicht durch die feste Sohle unserer Wanderschuhe nicht besonders gut spüren. Aber verwurzeln wir uns gedanklich. Mit geschlossenen Augen verweilen wir so, fest und aufrecht stehend. Vielleicht spielen wir ein wenig mit unserer Verwurzelung, sie noch stärker spüren, indem wir die Knie leicht beugen oder den Oberkörper hin- und her wiegen. Vielleicht im Wind oder gegen ihn.

Wenn wir dabei die Augen schließen, kommen sicher Bilder hoch. Aus unserer Kindheit, Jugend und dem Erwachsen-Sein.

Wir denken an unsere genetischen Wurzeln, an unsere Eltern. Und wir denken an unsere spirituellen Wurzeln, die uns vielleicht sie, vielleicht auch andere Wegbegleiter geschenkt haben. Wir denken an unsere geistigen Wurzeln, die in Schule und Berufsausbildung grundgelegt und verfeinert wurden.

Vielleicht können wir auch an ein Wurzelgeflecht denken, das wir selbst angelegt haben, das dank uns gewachsen ist und sich ausbreitet. Aber das auch ganz von selbst existiert – und auch ohne uns. Wer Kinder hat, kennt wohl den alten indischen Spruch „Solange die Kinder klein sind, gib ihnen Wurzeln, wenn sie älter geworden sind, gib ihnen Flügel."

Nicht dass sie dann keine Wurzeln mehr bräuchten, nein, die sind immer da, die werden nicht mit Gewalt gekappt. Wie bei uns auch. Darum denken wir noch einmal mit Dankbarkeit an unsere eigenen Wurzeln.

Unsere Wurzeln, die wir auch hier beim Pilgern haben und brauchen. Als Verankerung im Leben.

C ABENDIMPULS

Mach in mir deinem Geiste Raum,
dass ich dir werd ein guter Baum,
und lass mich Wurzel treiben.

Der Liedtext lenkt den Blick auf die Wurzeln. Erstaunlicherweise geht es hier darum, Wurzeln treiben zu wollen. Wir weiten also den Blick von den Wurzeln unserer Herkunft auf diese „neuen" Wurzeln, die hier gemeint sind, und müssen uns dabei fragen:

Jede Pflanze erhält ihre Nährstoffe, ihren Bedarf an Wasser über die Wurzeln - wo sind meine aktuellen Wurzeln, die mir Energie geben?

Kranke, beschädigte oder verdorrte Wurzeln lassen den ganzen Baum in Kürze eingehen, lassen im Sturm und anderen Unbilden des Lebens festen Halt vermissen – wo sind solche Gefahren für mich?

Wurzeln werden oft wenig beachtet, Blüten und Früchte dagegen stark – wo spüre ich dieses Ungleichgewicht an mir? Überfrachtet die Fokussierung auf Erfolge und Effizienz auch bei mir die Ressourcen, aus denen ich schöpfe? Kenne ich diese überhaupt noch?

Legen wir unsere Gedanken in das folgende kurze Gebet:

Guter Gott! Mach in mir deinem Geiste Raum – Gott, richte meine Gedanken auf das Wesentliche – dass ich dir werd ein guter Baum – lass mich infolgedessen gut und aufrecht weiter wachsen – und lass mich Wurzel treiben – und verankere mich immer wieder in meinen ganz eigenen Kraftquellen, um allen Stürmen der Welt entgegentreten zu können! Lass mich morgen mit neuem Mut und neuer Kraft erwachen – und in Vorfreude auf einen weiteren schönen Pilgertag! Amen.

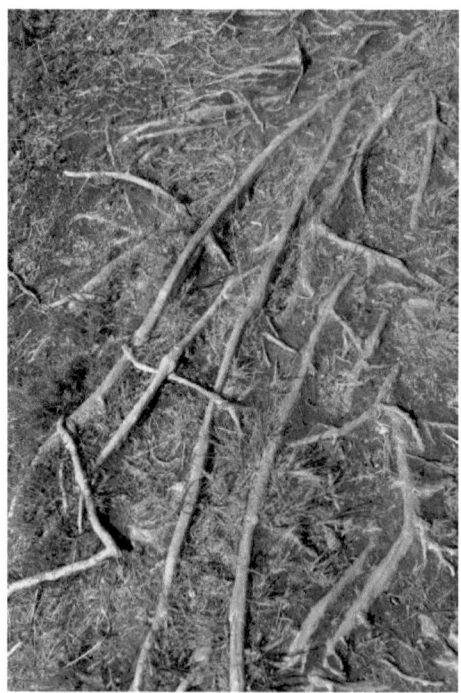

Zeit/losigkeit

A MORGENIMPULS

Im Gegensatz zu unserem normalen Alltag ist das Pilgern nicht von Terminen geprägt. Vielleicht haben wir schon wahrgenommen, dass wir immer seltener auf die Uhr schauen. Unser Tag ist strukturiert von den natürlichen Abläufen: Ich stehe auf, wenn ich wach bin, esse, wenn ich hungrig bin, trinke, wenn ich Durst habe und schlafe, wenn ich an einem guten Ort angekommen und dann müde bin.

Mein Tag besteht aus dem „Programm" des Gehens.

Das sonst wichtige Thema Zeit wird beim Pilgern eher zum Thema Zeitlosigkeit. Darum wollen wir uns heute diesen beiden Begriffen widmen und uns ihren ganz eigenen Charakter beim Pilgern bewusst machen.

Von Richard von Schaukal stammt der heutige Impuls:

Nur die Augenblicke der Zeitlosigkeit gewähren reinen Genuss am Dasein.

B UNTERWEGS

Vielleicht macht es einen großen Teil der Beliebtheit des Pilgerns aus, dass der Faktor Zeit, der sonst unser Leben bestimmt und durchtaktet, so ein ganz anderer wird, wenn wir unterwegs sind. Wir müssen im Grunde nur gehen, vielleicht unser angestrebtes Übernachtungsziel erreichen. Sonst müssen wir nichts. Und wann wir das tun, ist auch ziemlich egal.

Der recht neue Begriff der Entschleunigung mag hier gut passen. Unser Leben verläuft auf einmal ohne zeitlichen Druck, ohne Terminvorgaben. Zeitlos.

Nur unsere ganz natürlichen Bedürfnisse können temporär zu Beschleunigung führen – wenn ich Hunger oder Durst verspüre, wenn ich vor einem drohenden Gewitter einen Unterschlupf suche oder wenn ich müde bin oder es – was im norwegischen Sommer ja sehr selten ist – dunkel und ich noch kein Quartier habe. Dann kann Zeit einmal eine Rolle spielen und knapp werden. Doch sonst?

Gehen wir in Gedanken einmal als Kontrast einen normalen Arbeitstag in unserem Alltag durch. Da klingelt der Wecker, wir müssen raus aus dem Bett, schnell frühstücken, in die Arbeit. Dort gibt es Terminvorgaben, Stunden- oder Arbeitspläne, Meetings, irgendwann Mittagspause und dann das gleiche noch einmal. Nach dem Ende der Arbeit (die aber eigentlich aufhört) geht es nach Hause, dann winkt der Feierabend, sofern nicht noch Freizeit-Termine eingetragen sind. Denn Familie und Hobbies verlangen auch ihre Zeit.

Warum ist das so? Es lohnt sich, darüber nachzudenken – jetzt, denn wenn wir im Hamsterrad des Alltags drin sind, wird uns das meist gar nicht so bewusst.

Zeitlosigkeit – gibt es sie denn überhaupt in unserem Alltagsleben? Wird sie nicht ständig durchkreuzt von Terminen, Stress und Aktionismus?

Es gibt solche Momente. Wenn wir etwa an einer uns begeisternden Sache sitzen, wenn wir intensive Augenblicke des Glücks empfinden, dann bekommen wir eine Ahnung von Zeitlosigkeit. Wir spüren die Zeit nicht mehr, wir haben keinen Zeitdruck, wir haben alle Zeit der Welt. Minuten schrumpfen, gleichzeitig dehnt sich die Zeit aus. Ein Paradox?

Wenn wir uns vornehmen würden, zuhause im Alltag wenigstens einmal pro Woche bewusst einen Zustand der Zeitlosigkeit herbeizuführen, würde das jedem von uns sehr gut tun.

Vielleicht gelingt es uns ja, diesen Gedanken aus dem Pilgern mitzunehmen.

C ABENDIMPULS

Nur die Augenblicke der Zeitlosigkeit gewähren reinen Genuss am Dasein.

Wir sind uns heute bewusst geworden, welcher Luxus es ist, beim Pilgern einfach zeitlos zu leben und Zeit zu haben. Zeit für uns selbst. Zeit für tiefe Gedanken. Zeit für Gott.

Die Zeit läuft uns nicht davon. Hier nicht und daheim eigentlich auch meist nicht. Je zeitloser ich an eine Sache herangehe, desto intensiver werde ich sie betreiben und so merkwürdig es klingen mag, es wird noch Zeit übrig bleiben.

Ich darf, nein, ich sollte mir immer (meine) Zeit nehmen, für mich und andere. Sich hinzusetzen, um jemandem zuzuhören, oder gar selber dazusitzen und nichts zu tun – all das ist gesellschaftlich nicht anerkannt. Und doch so wichtig.

Legen wir unsere Gedanken in das folgende kurze Gebet:

Guter Gott, du schenkst uns Zeit, jeden Tag. Hier beim Pilgern gehen wir anders mit ihr um. Uns kann diese Alternative zur normalen Geschäftigkeit vieles lehren. Zeige mir einen Weg, wie ich mich in meinem Leben immer weniger den Zeit- oder Nutzensvorgaben anpassen kann, die sonst von mir gefordert werden. Zeige mir Schritte zu mir selbst, zum Nächsten und zu dir. Wache nun über meinen Schlaf und lass mich morgen mit neuer Kraft erwachen! Amen.

Die Kunst ist das Gewissen der Menschheit.

Alle Fotos von Susanne und Walter Elsner, ausgenommen
die Bilder der Seiten 18, 95 und 126: Verena Elsner
Autorenbild: Bernhard Elsner

Pilgermäuse © Verena Elsner